ANTI-
DISCRIMINATION
LAW REVIEW

反歧视评论

主编：刘小楠　王理万　中国政法大学宪政研究所 主办

第4辑

法律出版社
LAW PRESS·CHINA

《反歧视评论》(第4辑)卷首语

《反歧视评论》(第4辑)终于完成组稿——作为编者,我们难掩激动。正如诸君所知,在当下学术评价体系下,一册专精"小众话题"的文集,稿源尤为匮乏。在担忧稿源的同时,我们更深为忧虑的是,反歧视的研究和呼吁不应该成为"小圈子文化",而是开放性的公众话题,亟须新鲜的力量和血液。也正是基于此原因,我们异常珍视每篇文稿,在收到投稿的第一时间,我们会安排审读,并尽快通知作者用稿与否。需要说明的是,多篇优秀稿件由于不符合文集主题,我们几经斟酌、痛惜拒稿。

本辑《反歧视评论》以"同性婚姻"作为研讨主题,分别辑录了叶强博士、邓静秋博士和段知壮博士的三篇文稿,从德国、美国和中国的角度,深入研介和讨论了同性婚姻的平等保护问题。在文集编辑过程中发生的两个事件加深了我们对于选题的认知:2017年5月24日,我国台湾地区司法机关宣布禁止同性结婚的规定"违宪",此举使台湾成为亚洲第一个同性婚姻合法化的地区;2017年6月30日,德国议会投票批准同性婚姻合法化。因而,对于同性婚姻问题的深入研究(而非仅作为新闻热点),总结同性婚姻问题的国际趋势和中国问题,甚为必要与急迫。

在学术专论部分,张玮心教授基于"红丝带学校"区隔考场事件,对平等保护、合理差别和逆向歧视等问题做了细致和专业的分析;何霞教授对瑞典就业性别歧视立法与实施机制,给予精细化的描述和研判;吴园林博士倾力翻译的乔纳森·沃尔夫教授文章,对平等观念进行了哲理沉思。在深度评论部分,骆方方对男女同龄退休问题背后的社会机制进行了深入考察,颇有新意。在案例研读部分,刘明珂在介绍我国"跨性别就业歧视第一案"的基础上,深入考察了域外相关案例,并提出了解决问题的思路;黄溢智详述了"高晓案"始末,并对案件展开深度评述;黄周正对2005~

2016年的职场性别歧视案件进行了翔实的统计分析,并提出应对职场性别歧视的法律方案。这些优秀作品,展示了中国反歧视研究的新思路、新趋势和新增长点。

在《反歧视评论》(第4辑)成稿之时,我们要感谢文集作者惠赐稿件,感谢文集编委会的鼎力支持,感谢法律出版社易明群女士一直以来的信赖和支持。期待《反歧视评论》与中国平等进程共同成长。

编　者

2017年7月1日

目录

主题研讨：同性婚姻

学术专论

深度评论

案例研读

主题研讨:同性婚姻

PP.001－047

德国同性伴侣的平等保护：以联邦宪法法院的判例为中心

叶　强*

摘　要：2001年德国《注册生活伴侣法》的实施加快了同性伴侣平等保护的进程，然而其并不是一帆风顺的。得益于联邦宪法法院的司法审查，同性伴侣与婚姻之间达到了趋同的保护效果。联邦宪法法院通过解释基本法第6条第1款和第3条第2款，并在比例原则的审查中纳入严格审查基准，在同性伴侣的遗产继承、遗属养老金待遇、个人所得税申报方式、继子女收养等关键领域作出了意义深远的裁判，但是在形式上，联邦宪法法院仍然认为同性伴侣不是婚姻，而这还需要立法者的继续努力，以及人们社会观念的变化。

关键词：同性伴侣；注册生活伴侣法；平等保护；德国联邦宪法法院

同性之间缔结的类似于“婚姻”这种生活形式的民事法律关系，在某些国家是以“同性婚姻”（same-sex marriage）的名义出现的，但是在德国则断不能以“婚姻”

* 叶强，中南财经政法大学法治发展与司法改革研究中心博士后，法学博士。研究方向：宪法学，家庭法学和网络社会治理法学。

称之。[1] 2001年2月16日，德国联邦议会制定了一部条款法[2]：《结束同性伴侣歧视法：伙伴关系》[3]，其中第一条是被称作《注册生活伴侣法》[4]的法律，共19条，其正式在法律层面上用"注册生活伴侣"这一称谓将同性的这种关系(以下简称同性伴侣)确定下来。直到今天，虽然德国联邦宪法法院作出了持续努力，在同性伴侣的遗产继承、遗属养老金待遇、个人所得税申报方式、继子女收养等关键领域作出了平等保护的裁判，并促使《注册生活伴侣法》不断修订[5]，使同性伴侣与婚姻在保护效果上趋同，但是同性伴侣不是婚姻这一根深蒂固的观念仍未发生改变。

一、《注册生活伴侣法》出台的背景

由于宗教方面的原因，同性之间的性行为在德国历史上一直受到刑法的制裁。[6] 1871年5月15日制定的《帝国刑法典》[7]第175条规定：非自然奸淫，男子与男子间性交，以及人类对野兽性交，可判处监禁，甚至剥夺公民权利。这一规定直到1994年3月10日才被完全废除。同性之间性行为的除罪化，为同性伴侣的民事保护开辟了空间。

同性伴侣的民事立法过程颇为曲折。最早向德国联邦议会提出立法

---

[1] 德国联邦议会于2017年6月30日，以393：226的多数决通过了由"红红绿联盟"(Rot-Rot-Grün，SPD，Die Linke 和 Bündnis 90/Die Grünen)提交的《同性伴侣与婚姻平权法案》(Entwurf eines Gesetzes zur Einführung des Rechts auf Eheschließung für Personen gleichen Geschlechts)，这部法律修改了德国民法典关于婚姻仅限于异性之间的传统定义，将结婚的权利赋予了同性伴侣。但是此事并未就此了结，根据《法兰克福汇报》(FAZ)2017年7月1日报道，执政的联盟党主席沃尔克·考德尔(Volker Kauder，CDU)对此发表异议，并考虑将其提交联邦宪法法院裁断。《同性伴侣与婚姻平权法案》的最终命运如何，将由联邦宪法法院来决定。但这部法案的通过，则标示着同性伴侣的平等保护达到了一个崭新的高度。

[2] 在德国法中，条款法(Artikelgesetz)，也被称作"大衣法"(Mantelgesetz)，寓意一部条款法就像一件大衣一样，涵盖了某一既定主题下诸多法律的修订内容。vgl. Bundesministerium der Justiz. Handbuch der Rechtsförmlichkeit：Empfehlungen zur Gestaltung von Gesetzen und Rechtsverordnungen. 3.，neubearb. Aufl. Köln：Bundesanzeiger-Verl，2008，s. 17.

[3] Gesetz zur Beendigung der Diskriminierung gleichgeschlechtlicher Gemeinschaften：Lebenspartnerschaften.

[4] Gesetz über die Eingetragene Lebenspartnerschaft.

[5] 最近的一次修订是在2015年11月20日。

[6] 戴瑀如：《由德国同性伴侣法的催生、影响与转化检视德国对同性人权之保障》，载《月旦法学杂志》2014年第1期。

[7] Reichsstrafgesetzbuch (RStGB).

动议发生在1990年3月18日,当时由绿党(Die Grünen)提出,但是没有成功。[1] 之后在1993年10月4日,联邦宪法法院作出了一个判例[2],其要旨是民政局否决一对同性申请者结合的请求是符合宪法的。原因在于基本法第6条第1款规定的婚姻是男人与女人之间的结合,同性之间的结合不符合“婚姻”的定义。而且从当时的社会条件来看,还没有足够的理由断定婚姻关系的特征发生了明显变化。虽然非婚生儿童的数量在增加,无子女的婚姻数量也在增加,但是婚姻的结合并不依赖于婚姻中的繁殖能力。宪法保护婚姻的首要目的即在于为家庭的成立和孩子的共同生活提供法律保障。

这个判例无疑为同性伴侣立法制造了障碍,但是在1994年2月28日,则发生了一件有益的事件。这一天,欧洲议会通过了一份决议,要求其成员国致力于消除同性人群在各自国内法律和行政规则上的不平等待遇。[3] 与此同时,在若干欧洲国家,调整同性伴侣的法律也开始出现,这自然也就推动了德国同性伴侣立法的发展。

2000年7月,联合执政党社会民主党(SPD)和绿党在联邦议院的立法程序中提出了《结束同性伴侣歧视法:伙伴关系》的草案。由于这部法律涉及的内容比较多,不仅引入了注册生活伴侣这项制度,还包含相关配套措施,如税法、社会保险法及程序法等修正。这样它就受到了基督教民主党(CDU)、基督教社会党(CSU)及自由党(FDP)等在野党的抵制。当时联合执政党在联邦议院占多数优势,但是在联邦参议院则席位不足半数。

于是,经过主管的联邦议院法律委员会[4]建议,该法案在2000年11月8日被一分为二地进入立法程序讨论:一部分被称作《结束同性伴侣歧视法:伙伴关系和调整注册生活伴侣的规定以及由此带来的法律后果》[5],

---

[1] Vgl. den Entschließungsantrag der Fraktion DIE GRÜNEN vom 18. Mai 1990, BTDrucks 11/7197.

[2] BVerfG, 04. 10. 1993 – 1 BvR 640/93 (NJW 1993:3058).

[3] Vgl. Amtsblatt der Europäischen Gemeinschaften C 61 vom 28. Februar 1994, S. 40 f.

[4] Rechtsausschuss des Bundestages.

[5] Gesetz zur Beendigung der Diskriminierung gleichgeschlechtlicher Gemeinschaften: Lebenspartnerschaften mit den Regelungen zur eingetragenen Lebenspartnerschaft und zu den wesentlichen damit verbundenen Rechtsfolgen (LPartDisBG).

另一部分被称作《伙伴关系法和其他法律的补充法》。[1] 根据基本法第84条第1款之规定,一旦联邦议院制定的法律涉及各州之利益时,必须经过联邦参议院的批准才能生效。由于第二部法律草案涉及税法、移民法、社会保险法等各州之利益,在经过联邦参议院讨论时未获通过,[2] 故而只有第一部法律通过,即2001年2月16日制定的《结束同性伴侣歧视法:伙伴关系》。后来,虽然联邦议院召集了由两院议员组成的协调委员会(Vermittlungsausschuss)来重新讨论第二部法律草案,但并没有达成有效的决议。

《注册生活伴侣法》开辟了一个新时代,但效果并不是很理想。据统计,在2000年估计至少有4万7千对同性伴侣,在2010年达到了6万3千对,[3] 这主要是在民政局登记后的数据。虽然那些未登记的同性伴侣未为可知,数量也肯定不限于此,但是该法的实施并没有带来同性伴侣的大幅增加。原因可能是:在这部法律通过之时,虽然承认了同性伴侣的合法性,但是却未给予其与婚姻同等的对待,而是规定了诸多不平等对待的内容。试以该法最初版本第10条规定的继承权(Erbrecht)为例,其第1款规定:同性伴侣与第一顺序继承人共同继承被继承人的财产时,其继承额为1/4;与第二顺序继承人或者与祖父母共同继承时,其继承额为1/2。对于共同生活期间的财产,只要其不属于土地的附属物,或者其属于为了缔结伙伴关系而赠送的礼物,同性伴侣享有优先继承权。同性伴侣与第一顺序继承人共同继承被继承人的财产时,其享有优先继承权的份额以其维持适当的家庭生活所必须为限。优先继承权适用于遗赠的规定。

由于《注册生活伴侣法》存在诸多不利同性伴侣的规定。在实施之后,遭遇了很多责难。联邦宪法法院不失时机地介入这些法律争议之中,逐步提高了同性伴侣的保护水平。为此以下通过若干个重要判例揭示这一历史进程。

---

[1] Gesetz zur Ergänzung des Lebenspartnerschaftsgesetzes und anderer Gesetze.

[2] 戴瑀如:《由德国同性伴侣法的催生、影响与转化检视德国对同性人权之保障》,载《月旦法学杂志》2014年第1期。

[3] Zensus 2011.

二、《注册生活伴侣法》的合宪性

《注册生活伴侣法》实施后不久,萨克森州政府、蒂宾根州政府和巴伐利亚州政府先后提出了对它的规范审查要求,认为(1)其在形式上不合法,没有得到联邦参议院的批准;在实体上违宪;(2)既违反了基本法第6条第1款规定的"婚姻和家庭受到国家的特殊保护"的规定;(3)也违反了基本法第3条第1款规定的"人人在法律面前一律平等"的要求。联邦宪法法院第一庭于2002年7月17日作出判决[1],驳回了申请人的诉讼请求,判决《注册生活伴侣法》合宪。不过第一庭的8名大法官对于这三项诉讼请求并不是态度一致,除了对第一项意见一致以外,对第二项是5:3,对第三项是7:1,据此本文着重从联邦宪法法院对第二项诉讼请求的分析来认识。

联邦宪法法院认为,同性伴侣的引入既没有违反基本法第6条第1款保障的结婚自由,也没有违反本款所体现的制度性保障,同样也没有违反该款作为"价值决定的基础规范"的内涵。在基本法上,结婚自由并没有因为同性伴侣的引入而受到影响,因为每个有结婚能力的人在《注册生活伴侣法》实施之后,依然可以自由地走入婚姻之道。婚姻在基本特征上是异性的结合,同性伴侣不是婚姻,它只是作为一种法律制度受到长期的拘束。基本法第6条第1款将婚姻作为一种生活方式来保护,即制度性保障,但是基本法并没有直接定义"婚姻",这就意味着该款的实施需要由立法者来落实,立法者据此享有广泛的立法裁量权,确定婚姻的形式和内容。基本法保护的婚姻不是抽象的,而是形成中的,是社会的主流观念的反映,而这恰恰体现在法律文本之中。婚姻自由的意义在于,男女可以平等的组合,从而自由地形成共同生活,排除国家的干预。在这个意义上,同性伴侣不是婚姻,并没有侵犯基本法第6条第1款规定的婚姻作为制度性保障的内容。立法者只是通过引入同性伴侣的方式,更好地服务于人的个性发展权。婚姻作为有拘束性的价值决定的意义在于:国家应该采取措施,一方面不能让婚姻受到伤害,另一方面应该采取适当的措施促进,这也不意味着《注册生活伴侣法》违背了婚姻作为价值决定的含义。

---

〔1〕 BVerfGE 105,313 – Lebenspartnerschaftsgesetz.

虽然立法者模仿婚姻在构筑同性伴侣的具体制度时采用了若干相似的规定,但是婚姻并未因此受损,因为同性伴侣的制度并不比婚姻制度更优惠,即赋予更多的权利,承担更轻的义务。相反在社会救助法上,婚姻当事人享受的权利更大,例如,在个人所得税上即扣税较多。虽然在基本法文本上,基本法第6条第1款规定:婚姻和家庭受到国家的“特殊”保护,但从制宪史来看,这一“特殊”的含义只是:不能让其他生活形式比婚姻更有利。当立法者因为引入了一项制度,从而与婚姻产生竞争性关系,例如,抚养这种制度与婚姻同等的权利,却承担较少的义务,以至于混淆了这种制度和婚姻的差别,那么立法者就违背了基本法第6条第1款保护的目的。而从目前来看,《注册生活伴侣法》并不会产生这样的后果,所以在这三个面向上,《注册生活伴侣法》都是合宪的。

联邦宪法法院通过体系化的解释在三个层面回应了基本法第6条第1款保护的婚姻和同性伴侣之间的内在关系,认为同性伴侣不是婚姻,它不会侵入婚姻自由的核心领域。在联邦宪法法院看来,基本法保障的婚姻,在内涵上,首先表现为防御权,即国家不要干预男女之间的婚姻共同生活;其次才是积极权利,即要求国家采取保护措施,但是这并不意味着国家不能创设其他生活形式,只要这种生活形式不会和婚姻相互混淆。为了解释这一点,联邦宪法法院从制宪史的角度对“特殊保护”中的“特殊”作了不同于一般情境的解释。正如我国台湾地区的学者黄舒芃女士所指出的那样,联邦宪法法院的初衷是良好的,但解释上却将“特殊”的含义掏空了,这其实带来新的问题,还不如在承认同性伴侣也是婚姻的基础上,将婚姻的定义扩大化,从而实现婚姻独享优惠待遇,既满足了基本法第6条第1款规定的“特殊保护”的要求,同时也能带来“婚姻自由”“制度性保障”“价值决定”三个面向上的融贯性。[1] 诚哉斯言!不管怎样,这个判例改善了同性伴侣的平等保护环境。

三、公职领域中对同性伴侣遗属[2]养老金的不平等审查

相对于婚姻,同性伴侣养老金的发放一直受到不平等的对待,尤其是

---

〔1〕 黄舒芃:《隔离但平等?从“收养同性伴侣养子女”一案检讨德国联邦宪法法院对同性伴侣法制之立论》,载《兴大法学》2014年第16期。

〔2〕 在该案的语境中,指养老保险投保人死后的配偶或者伴侣。

在公职领域。联邦宪法法院第一庭在2009年7月7日作出的一个裁定(Beschluss)[1],具体回应了这一问题。

在该案的判决要旨中,联邦宪法法院指出,在企业遗属养老金[2]这一领域,对于公职雇员而言,联邦和州养老机构[3]制定的补充养老规定,不平等对待婚姻和同性伴侣,违反了基本法第3条第1款规定的一般平等原则,是违宪的;虽然婚姻享有特权,但以一种歧视其他生活方式的做法,即便造成调整这种生活方式的生活事实与婚姻追求的目的存在可比较性,也并不能依据基本法第6条第1款而正当化对其他生活方式的歧视。

本案的起因是:联邦和州养老机构,作为公职雇员的补充养老保险机构,在制定的养老规则——《养老保险集体合同》[4]中,对于遗属领取养老金的规定没有涉及同性伴侣。于是本案的诉愿人就对其提出了附带审查的要求。诉愿人生于1954年,于1977年作为公职雇员开始工作,并在联邦和州养老机构缴纳补充养老保险。他于2001年与他人缔结了注册生活伴侣关系,在共同生活期间没有小孩需要照顾。

联邦和州养老机构向诉愿人告知,从2001年12月31日起,他的养老保险合同需要转换,原因在于他缔结了注册生活伴侣关系。同时,在计算他的工资税时,是按照未婚的税卡来计算,而不是按照已婚的税卡来计算(注:依据这种计算方式,诉愿人缴纳的工资税较多,而领取的养老保险金则变少)。他还被告知,他的同性伴侣将不被认定为《养老保险集体合同》上的婚姻配偶,因此在其死后不能领取企业遗属养老金。为了获得此项救济,在被下级法院拒绝之后,他向联邦宪法法院提起宪法诉愿。

联邦宪法法院经过审理认为,联邦和州养老机构制定的规定违法了基本法第3条第1款规定的一般平等原则。在企业遗属养老金的问题上,要区别对待婚姻和同性伴侣,需要按照严格基准进行审查,即是否存在足够重要的区分理由。[5] 一般平等原则要求依据规范对象和区分特

[1] BVerfGE 124,199 – Gleichbehandlung eingetragener Lebensgemeinschaft.

[2] Betriebliche Hinterbliebenenversorgung.

[3] Versorgungsanstalt des Bundes und der Länder.

[4] Tarifvertrag Altersversorgung-ATV.

[5] Ein hinreichend gewichtiger Differenzierungsgrund.

征,对规范制定者进行不同的限制,从而达到比例原则必要性的拘束条件,因此在对不同的人群进行区别对待的时候,尤其需要注意正当化事由。当区别对待不同的人群时,一旦这种区分和人的人格特征建立联系,那么其造成的伤害越大,审查的要求也越严格。性取向的划分即可以归入这种情况。在婚姻和同性伴侣中,依据性取向在企业遗属养老金事项上采取不平等对待,应该采用严格审查基准来审查。

一旦从这种视角来看,正当化这种不平等对待的事由仅仅发生在,一方面,遗属养老金的调整对象在前提条件和法律后果上要强于社会保险法;另一方面,现在的遗属养老金规定不需要平等对待同性伴侣,然而这样的理由并不能成立。补充养老保险设立的目的就是保障雇员的工资待遇,这种保障不会因为婚姻和同性伴侣存在差异而有所区别。与此同时,就婚姻和同性伴侣的生活负担来看,在现实生活中也具有一致性。虽然在具体的家庭中,根据每个人社会地位的不同,生活负担会有不同,但是这种不同是与每个人的生活状况和就业情况相联系的,而不能将这种不同用来区分婚姻配偶的遗属养老金和同性伴侣的遗属养老金。基于这些分析,联邦宪法法院驳回了下级法院的判决。

在本案中,联邦宪法法院从基本法第 3 条第 1 款中的一般平等原则中解析出了不同的审查基准问题。在人权问题上,基于性别而产生的区别对待,通常纳入严格审查的范围。只有当这种区别对待具有足够重要的理由时,才可以正当化。然而事实是要能满足这样严格的条件,通常是相当困难的,所以一旦法院采取了严格审查方式,系争对象通常很难通过法院的审查。

四、公务员家庭补贴问题上的不平等审查

在公务员这一职业中,同性伴侣也受到不平等的对待。联邦宪法法院第二庭在 2012 年 7 月 19 日的一个裁定[1]中认为,因为性倾向[2]的缘故,在第一层级的家庭津贴[3]发放中不平等对待婚姻和同性伴侣,违反

〔1〕 BVerfGE 131,239 – Lebenspartnerschaft von Beamten(公务员的生活伴侣关系)。

〔2〕 SexuelleOrientierung.

〔3〕 Familienzuschlag.

了基本法第3条第1款规定的一般平等原则而违宪。婚姻虽然享有特权,但是在一个比较的意义上,歧视同受宪法拘束的其他生活方式,而不论这种生活方式调整的生活事实以及它的规范所追求的目的,并不能因为婚姻的保护命令而正当化对其他生活方式的歧视。除非依据基本法第6条第1款之规定存在足够重要的事实理由,在适当衡量调整对象和调整目的之后,才能正当化这种不平等对待。

本案的事实是:诉愿人作为领取薪资第A8级的联邦公务员,自2002年开始缔结了生活伴侣关系。他的诉愿请求是,审查《联邦公务员薪资法》第40条第1款第1项规定的仅针对婚姻公务员的第一层级的家庭津贴待遇。因为按照这一规定,他在2003年到2009年这段时间无权领取津贴。联邦宪法法院经过审理认为,诉愿人的宪法诉愿成立,并得到支持。理由在于:基本法第3条第1款规定的一般平等原则要求,法律面前人人平等,即在本质上相同的情况就同等对待,在本质上不同的情况就不同对待。因而它禁止基于人群的特征来区别对待,于是第3条第1款就落入比例原则必要性的审查之中。当基于人群的不平等对待要得以正当化,那么必然要遭受严格审查,如果不是这样,就会导致对少数人的不公正,而这种不公正正是基于性倾向的不平等对待产生的。

根据一般平等原则,性倾向是明确禁止作为区别对待的构成条件的。虽然在公务员薪资立法的问题上,立法者享有较大的形成余地,但是它也要考虑到构成公务员薪资立法的事实条件和适合公务员继续发展的可能性,并考虑到不同的角度,这自然就与公务员薪资的额度有关系。但是在公务员家庭补贴的事项上,虽然《联邦公务员薪资法》第40条第1款第1项在名义上区分了每个公务员的家庭状况,比如分为婚姻公务员、鳏寡公务员、是否有独立住房的公务员等,但是却造成了间接歧视同性伴侣公务员的效果。因为在这种分类中,同性伴侣被排除了,按理它与家庭条件没有直接关联,可是它并没有被纳入该条款的规定之中。

此外,联邦宪法法院也认为,对同性伴侣公务员支付家庭津贴并没有违反基本法第6条第1款的规定。因为家庭津贴的作用是一种带有社会性的,名义上倾向于家庭的具有补充功能的手段。对于公务员而言,不论他处于婚姻之中,还是处于同性伴侣之中,这种功能是一样的。从家庭津贴存在的这一立法目的出发,歧视同性伴侣的做法也并不能正当化了。

在本案例中,联邦宪法法院的观点一以贯之,并越来越清晰。因为同性伴侣是基于性倾向的区分,那么它就属于一般平等原则的审查框架中。针对一般平等原则的案件,通常会借助严格审查和比例原则来进行。

五、个人所得税报税方式的不平等审查

婚姻和同性伴侣在个人所得税报税方式上的区别对待是《注册生活伴侣法》实施后的一个突出问题。在德国,报税方式是选择分开报税,还是合并报税(Zusammenveranlagung),[1]同时在税卡(Lohnsteuerklasse)上选择几级,这决定了个人缴纳个人税的数额。一个需要注意的事实是,就个人与婚姻比较而言,通常个人缴纳的个人所得税额,比在婚姻中缴纳的要多,这是因为优待婚姻之故。但是在婚姻内部,分开报税还是合并报税之间并没有必然的优惠位阶,其与夫妻二人的收入高低有关。依据夫妻不同收入的事实,由婚姻当事人选择较优惠的报税方式,同样考虑了婚姻优待。

然而在同性伴侣个人所得税的报税方式上,由于排除了夫妻所得分割制的适用,同性伴侣二人必须分别进行报税,也就是把同性伴侣看作独立的两个人来对待,这就造成了同性伴侣多纳税的效果,和婚姻相比产生了不平等。针对这一问题,联邦宪法法院在 2013 年 5 月 7 日作出了一个重要裁定[2],认为《个人所得税法》第 26 条、第 26b 条和第 32a 条第 5 款在夫妻所得分割制上区别对待婚姻和同性伴侣,违反了基本法第 3 条第 1 款规定的一般平等原则,因而违宪。

联邦宪法法院认为,在夫妻缴纳个人所得税的问题上,适用合并报税开始于 19 世纪,它是作为个人报税原则的一种例外规定在 1952 年 1 月 17 日制定的《个人所得税法》之中的。联邦宪法法院 1957 年 1 月 17 日作成的一个裁定认为,1952 年《个人所得税法》第 26 条规定的合并报税与基本法第 6 条第 1 款不一致,因为这种报税方式在累计税率的计算中没有考虑到婚姻当事人的给付能力,从而造成了比个人缴纳税款多的现象,

---

〔1〕 在德国,合并报税主要采用夫妻所得分割制(Ehegattenspilitting),这被台湾学者称为"折半乘二制",即先将夫妻收入合并除以二,适用相应的税率,然后再乘以二得到最后的应纳税额。

〔2〕 BVerfGE 133,377 – Ehegattensplitting.

即“婚姻惩罚”效果。基本法第6条第1款规定国家特别保护婚姻和家庭,包括两个意思:第一,在消极意思上保障婚姻不受其他生活方式的歧视;第二,在积极意思上要求国家采取积极的措施去促进婚姻。

在当时的背景下,强制采取合并报税的方式,会将妇女赶回家庭,即妇女被动地成为家庭妇女。随着时代的发展,越来越多的妇女成为了职业妇女,双职工家庭的出现就要求申报个人所得税方式的改进,于是德国个人所得税法此后做了较大修改,规定了夫妻可以选择申报方式,即采取分开报税还是合并报税,由婚姻当事人自主决定。随着《注册生活伴侣法》的实施,这样的问题必然会出现在同性伴侣的现实中。

本案的诉愿人自从2002年5月1日起缔结了注册生活伴侣关系,他向某地方财政局要求以合并报税的方式缴纳自2002年开始的个人所得税,但是被该财政局拒绝,而且被要求以个人报税的方式缴纳。此事件经过地方法院的审理,一直被拒绝,最后诉愿人向联邦宪法法院提起宪法诉愿。

联邦宪法法院审理认为,基本法第3条第1款规定的一般平等原则,排除了基于人群的区分,因为这种基于人群的划分导致了一部分人受益,而另一部分人受损,为此基于性倾向的纳入比例原则的严格审查就必须适用。然而真实的情况是,对于选择个人分开报税,还是合并报税,是以家庭状况为依据的,而不是以性倾向为依据的。依据《注册生活伴侣法》的规定,同性伴侣相互之间承担的家庭责任与婚姻趋同,在家庭状况上不存在实质上的差别,为此在个人所得税申报上区别对待婚姻和同性伴侣是有违一般平等原则的。

六、同性伴侣继子女收养的不平等审查

《注册生活伴侣法》在2004年12月15日的修订中,引入了第9条第7款,即规定同性伴侣一方只能单独收养另一方亲生的孩子,但是不能收养另一方已经收养的孩子。这就是后续收养(Sukzessivadoption)的问题,或者说是同性伴侣能否共同收养孩子的问题。过去有一种观念认为儿童只适合在婚姻家庭中生活,不适合在同性伴侣家庭中生活。因为同性伴侣之间不存在异性,会给孩子的抚养和照顾带来母爱或者父爱上的缺失。在心理学或社会学上,这种观念是否有强烈的实证研究作为基础另当别

论,但是它在一定时期内却成为社会通念(Volksanschauung),对立法的制定产生不小的影响力。

社会是在变化的,人们对同性伴侣能否合适地照顾孩子的态度也发生了转变。联邦宪法法院第一庭在2013年2月19日作出的一个判决〔1〕系统回答了这一问题,并作了充分的论证。在判决要旨中,联邦宪法法院指出,基本法第2条第1款和第6条第2款赋予了儿童在父母抚养和教育下的国家监督权,由此并不能推导出同性伴侣一方有权收养另一方已经收养的子女,不过同性伴侣作为儿童的父母,却也是基本法保护意义上的"父母";同性伴侣与一方亲生的子女或者收养的子女共同生活,构成基本法保护意义上的"家庭",那么立法者就有义务采取措施实现这一意义上的父母功能,而创设后续收养就是这一要求的体现;《注册生活伴侣法》第9条第7款区别对待不同的儿童,即不同对待婚姻中收养的儿童,同性伴侣中一方收养另一方亲生的儿童以及同性伴侣中一方收养另一方已经收养的儿童,违反了基本法第3条第1款规定的一般平等原则。

基本法第2条第1款规定,儿童享有个性发展的权利,并处于国家的特别保护之中。儿童需要保护和帮助的理由在于帮助他们适应在社会共同体中形成自我负责的人格,因此要求立法者保障他们成长所必需的生活条件,这其中一部分是国家的责任,另一部分是父母的责任。依据基本法第6条第2款第1句的规定,这首先是父母的责任。国家的作用在于支持父母的这一抚养和教育责任,并提供补充。从这个意义上看,由于父母是承担儿童照顾的第一责任人,基本法第2条第1款规定并不能直接得出国家有创设后续收养的义务。

但是,如果具有收养意愿的同性伴侣一方,在没有后续收养这一制度的保护下,他(她)就不享有法律意义上的父母地位,不可能承担起实现儿童福利的职责。排除后续收养的适用,那么儿童只处于父母一方的保护之下,对于具有收养意愿的另一方而言,则不会产生这种效果,因为他(她)在法律上并不是儿童的父母。

接下来需要讨论的问题是,同性伴侣能否构成宪法意义上的父母,从

〔1〕 BVerfGE 133,59 – Sukzessivadoption.

基本法第6条第2款的规定中是可以得出这一结论的,因为基本法并没有明确排除同性伴侣不能作为父母,同时,宪法上父母权利存在的价值在于保护儿童,即立宪者认为父母比其他的人或者制度更能保护儿童福利,并防止国家的干预。是否满足服务于儿童福利的能力,并不因为父母是异性或者同性而有差别。从人们对"父母"理解的社会观念来看,今天人们也认可同性伴侣可以作为父母了。

就基本法第3条第1款规定的一般平等原则而言,区别对待的正当化理由仅仅存在于这样的事实,即区分目的和不平等对待的程度是适当的。即便承认立法者并未侵犯儿童的基本权利,但是区别对待同性伴侣一方收养另一方已经收养的儿童,造成了此类儿童不能在后续收养的环境中得到发展和生活形成的机会,这实际上造成了区别对待儿童的事实。妨碍后续收养的主要理由在于,同性伴侣家庭不适合儿童的成长,这是出于一种保护儿童的目的,然而论证这种目的的社会学证据,并不充分。相反既然儿童已然与亲生父母分离,为了保护儿童,在儿童与收养父母之间建立稳固的家庭关系,有利于儿童的心理稳定和社会融合。同性伴侣作为儿童共同的收养父母,会让儿童更有归属感,也能促使同性伴侣双方强化自己的父母责任感。

基于此,同性伴侣一方可以收养另一方已经收养的子女,后续收养也适用于同性伴侣。自此,同性伴侣与婚姻之间在保护效果上日渐趋同,虽然在名称上,同性伴侣依旧与婚姻有别。

七、结论

德国同性伴侣的平等保护走过了相当长的阶段,它是通过联邦宪法法院的持续努力得以创造。联邦宪法法院通过解释基本法第6条第1款规定的婚姻家庭受国家的特殊保护和第3条第1款规定的一般平等原则实现了同性伴侣与婚姻保护趋同的效果。这一努力值得肯定,而且在对一般平等原则的适用中,联邦宪法法院通过区分标准的观察,在比例原则中纳入了严格审查的要素,使立法者的保护义务十分严苛,这样带来的后果是,婚姻受到国家"特殊"保护的规定丧失了实质意义。如果说婚姻和同性伴侣在功能上相同,那么在名称上则也可以统一,即认为同性伴侣也是婚姻。然而联邦宪法法院并没有这么做,一方面可能考虑到了立法者的立法形成余地,另一方面考虑到了社会观念。当社会上绝大多数人认为同性伴侣就是婚姻,而立法者也将同性伴侣定义为婚姻时,同性伴侣的平等保护才能真正实现,而联邦宪法法院并不能代替民意机关的工作。

美国同性婚姻合法化判决评析

邓静秋*

摘　要：2015 年 6 月，美国联邦最高法院判决，禁止同性婚姻或拒绝承认他州同性婚姻的州法律违反联邦宪法，认为同性结婚权是一项受宪法保护的基本权利，实现了全美的同性婚姻合法化。美国同性婚姻合法化招致的反对意见包括同性婚姻议题应交由民主过程解决，而非以司法判决实现；正当程序条款不能涵盖同性恋者的结婚权；婚姻内涵的变迁不能改变其一男一女的本质特征以及繁衍后代的传统功能；联邦最高法院介入婚姻这一传统的州权领域违反联邦主义原则；以及同性婚姻对基督教教义的冲击。

关键词：婚姻；同性婚姻；宪法权利；民主过程；正当程序

2015 年 6 月 27 日，美国联邦最高法院在奥伯格费尔诉霍奇斯(Obergefell v. Hodges)案中以 5∶4 判决，禁止同性婚姻或拒绝承认他州同性婚姻的州法律违反联邦宪法，认为同性结婚权是一项受到宪法第十四修正案

---

* 邓静秋，中国人民大学法学院博士研究生，美国纽约大学法学院亚美法研究中心访问学者(2016～2017 年)。

保护的基本权利,各州应承认在他州合法缔结的同性婚姻,并赋予其与本州异性婚姻相同的地位和效力。[1] 此一判决实现了全美的同性婚姻合法化。美国在2003年才实现了同性性行为的非罪化,过去的十多年时间见证了同性恋权利保障这一领域的重大变化。

美国同性恋者争取平等权和婚姻权的运动始于20个世纪70年代。同性婚姻遭到了宗教势力和保守派人士的强烈反对,他们认为婚姻是一项公共制度,不是个人权利,同性婚姻破坏了美国社会传统的家庭价值观,削弱了基督教信仰,不利于下一代的成长。在双方的争论中,同性婚姻成为美国社会文化的热点话题。在同性恋权利运动的推动下,公众对于同性恋有了更多了解,对于婚姻的理解也发生了变化,再加上一些州逐渐设立民事结合、同居伴侣甚至同性婚姻的制度,使同性恋者在法律上可以享有与异性配偶相同的权利。在这些原因的相互作用下,同性恋争取婚姻权和平等权的运动才取得最终的胜利。本文将对美国同性恋权利运动发展和婚姻概念的变化做一简单梳理,重点围绕奥伯格费尔案分析联邦最高法院多数意见背后的法理基础和论证思路,并讨论双方大法官在此议题上的主要分歧和未尽的宪法争议。

一、美国同性恋权利的发展和婚姻内涵的变化

(一)同性恋权利运动的发展

毫无疑问,美国同性恋者权利运动,为美国社会重新理解婚姻,对同性恋有更多关注和了解,并通过政治或司法过程来推动婚姻制度的进一步发展,提供了不竭的动力。美国法律史上曾长期对同性性行为进行刑事处罚。20世纪后期,越来越多的同性恋者公开其性倾向和生活理念。司法机关开始在正式的法律框架中来探讨同性恋权利保障的议题。

1986年的鲍尔斯诉哈德威克(Bowers v. Hardwick)一案中,联邦最高法院维持了对一名与同性恋发生性行为的佐治亚州男子的有罪判决,该州的反鸡奸法被确认为合宪。[2] 怀特大法官(J. White)在这份5∶4判决

---

[1] Obergefell v. Hodges, 576 U. S. __ (2015).

[2] Bowers v. Hardwick, 478 U. S. 186 (1986).

的法庭意见中指出,在当时的立法背景下,[1]联邦最高法院认为宪法并不保护同性性行为的权利。[2] 1996 年的罗默诉埃文斯(Romer v. Evans)一案中,联邦最高法院裁决科罗拉多州宪法第二修正案禁止立法采取保护同性恋者特殊措施违反联邦宪法。[3] 2003 年,劳伦斯诉得克萨斯州(Lawrence v. Texas)案推翻了鲍尔斯诉哈德威克(Bowers v. Hardwick)案的判决,[4]判决德克萨斯州的反鸡奸法违宪。该案重要意义不仅在于联邦最高法院废止了所有将同性成年人自愿私下进行性行为入罪的各州刑法,还在于同性恋者由此获得了他人对其私生活的尊重,各州也不能再因性取向异于多数人而控制和贬低同性恋者的命运。直到 2013 年的温莎(Windsor)案,[5]联邦最高法院开始讨论同性婚姻,判决联邦《捍卫婚姻法案》(DOMA)从联邦法层面将婚姻限定在一男一女之间,侵犯了各州管理婚姻家庭事务的专属权限,对婚姻定义的权力应留给各州;DOMA 违反联邦宪法的平等保护原则,剥夺了同性恋者的个人自由,从而在联邦法层面承认了同性婚姻的合法地位。

(二)婚姻家庭的法律史演进

美国的制宪者们深谙以婚姻关系为基础的家庭对于个人、社会,以及整个政体的重要性。他们认为人具有社会性,生活在多重人际关系相互交织的网络中,而家庭则是每个人来到这个世界后面对的第一重社会关系的体验。家庭为每个人提供了最深刻、最长久和最重要的人际交往经验,是培养和发展其他社会关系的起点,[6]政府是家庭影响力的映射,坚定而平等的一夫一妻制婚姻,以及进而形成的家庭是共和政体的

---

〔1〕 鸡奸在普通法中一直是一种犯罪行为。在美国通过《权利法案》之时,13 州的法律都禁止这类行为。1868 年通过第 14 条修正案时,37 个州中除了 5 个州之外都有禁止鸡奸的法律规定。在鲍尔斯案审理中,美国还有 24 个州以及哥伦比亚特区继续惩罚同性之间自愿的性行为,2003 年 Lawrence 案之前,还有 13 个州有类似立法。

〔2〕 Bowers v. Hardwick, 478 U. S. 186 (1986).

〔3〕 Romer v. Evans, 517 U. S. 620 (1996).

〔4〕 Lawrence v. Texas, 539 U. S. 558 (2003).

〔5〕 U. S. v. Windsor, 133 S. Ct. 2675 (2013).

〔6〕 Lynn D. Wardle, The Morality of Law and the Transformative Power of Inclusion, in WHAT'S THE HARM? pp. 207, 211 - 224 (2008).

基石。[1]

尽管制宪者对婚姻家庭的重要性极为重视,但是美国的宪法文本中并没有内容涉及婚姻家庭,也没有设置专门条款来保护公民结婚组建家庭的权利。究其原因,大致可以从以下因素来考虑。美国联邦宪法是世界上最古老的宪法,制宪者们意图在文本中解决当时最为关键核心的议题,或者说争议较大的问题。在1787年,同性婚姻没有进入人们的视野,人们对于异性结婚、以婚姻为基础形成家庭关系等形成了观念和实践共识。大多数人都接受了婚姻是一男一女之间的自愿结合。制宪者们也相信,婚姻家庭的结构、稳定、角色和价值被所有人接受。这一点确实是没有分歧的。此外,美国实行联邦制,与婚姻、家庭相关的诸多事项由各州政府进行立法和调整,在联邦政府的权限范围之外。当时各州都从传统的生育功能和生物学的角度来理解婚姻的基础,所以会将婚姻定义为一男一女的结合,即便州法律没有对此明确定义的时候,也不会有人有所怀疑。婚姻的意义无须多言。后来在同性婚姻的呼声日益高涨并成为美国社会最具争议的议题之时,也有提议要修改联邦宪法,专门增加修正案保护传统的异性婚姻形式,但是美国的联邦宪法修改要求之高,导致这些提议以失败而告终,[2]但是大部分州却以不同形式在其州宪法中增加规定,要求将婚姻限定在男女之间,禁止同性婚姻。[3]

宪法文本没有提及婚姻,不妨碍联邦最高法院在司法实践中对这一重要制度进行解释,并将婚姻权确认为公民的一项基本权利,受到宪法保护。大法官们认为缔结婚姻、组建家庭和抚养后代是个人自由价值的核

〔1〕 Lynn D. Wardle, "The 'constitution' of Marriage, and the 'Constitutions' of Nations", 45 *University of San Francisco Law Review*, 2010 – 2011, pp. 437, 443.

〔2〕 根据美国联邦宪法第5条的规定,国会遇两院各2/3人数认为必要时得提出本宪法之修正案,或应全国2/3州议会之请求,得召集会议以提出修正案。经全国3/4之州立法机关或经3/4之州制宪会议批准,即成为本宪法之一部分而发生实际效力,其批准方式得由国会提出。2006年,国会就提出有关婚姻的宪法修正案进行了两次投票,但都未达到2/3票数的要求。

〔3〕 在2015年联邦最高法院Obergefell案判决之前,美国共有十个州在州宪法修正案中明确禁止同性婚姻。此外,夏威夷州宪法修正案授予立法机关禁止同性结婚的权力,密歇根州和弗吉尼亚州宪法修正案禁止同性婚姻、民事结合和任何未婚者之间的婚姻相关合约。

心所在，受到正当程序条款的保护。[1] 在1967年的洛文诉弗吉尼亚州(Loving v. Virginia)案中，联邦最高法院废除了种族之间通婚的禁令，明确了婚姻自由是一项重要的基本权利，对于每个人有序地追求幸福极为重要。[2]

联邦最高法院的先例对于婚姻的理解和描述与其传统意义是相符合的。早期的先例将婚姻称为男女之间的终生结合，没有这种结合，也就不会有文明和进步。后来联邦最高法院将婚姻称为人类生存和延续的基础，这种理解其实暗含了繁衍的意义。但是大法官们也意识到婚姻的内涵和意义也在逐渐改变。比如，包办婚姻被双方因为爱情而自愿缔结的婚姻所代替；各州法律取消了将已婚男女看作一个法律实体的制度(Coverture)，承认了夫妻双方在婚姻中各自的地位，女性取得独立的身份而无需依赖婚姻中的男性一方。这些变化并不是表面上的变化，而是对婚姻的内在含义产生了深刻的影响。婚姻的功能不仅仅局限在生育和培养后代，它也是两个人共同分享喜悦和经历磨难的一种持久而神圣的亲密关系。由此可见，有关婚姻家庭的法律发展历史兼有传承和改变。

二、同性婚姻合法化的案件评述：奥伯格费尔诉霍奇斯(*Obergefell v. Hodges*)案

(一)案情概要

本案是合并审理的案件，分别来自密歇根、肯塔基、俄亥俄和田纳西州。这四个州的法律都将婚姻定义为一男一女之间的结合。本案的申诉人是14对同性伴侣，以及两位男同性恋者。其中较为典型的三个案件简介如下。

詹姆斯·奥伯格费尔(James Obergefell)和其伴侣约翰·亚瑟(John Arthur)共同生活二十余年。由于定居的俄亥俄州禁止同性结婚，两人于2013年前往同性婚姻合法化的马里兰州结婚。三个月后，亚瑟(Arthur)去世，俄亥俄州不承认两人之间的婚姻关系，拒绝将奥伯格费尔(Obergefell)的名字写在亚瑟(Arthur)死亡证明的“在世配偶”一栏中。

---

〔1〕 Meyer v. Nebraska, 262 U.S. 390 (1923).

〔2〕 Loving v. Virginia, 388 U.S. 1 (1967).

奥伯格费尔(Obergefell)提起诉讼要求俄亥俄州承认二人在马里兰州缔结的同性婚姻。

阿普里尔·德博尔(April De Boer)和杰恩·罗斯(Jayne Rowse)于2007年举行仪式宣示其永久伴侣关系。两人自2009年开始陆续收养了三名儿童。密歇根州不承认同性婚姻,只允许已婚夫妻或未婚的个人收养儿童。若出现紧急情况,学校或医院只会将其中的一个人视为收养儿童的法律意义上的母亲,另一位没有任何作为父母的权利和义务。两人因此提起诉讼要求结束这种未婚状态给其生活带来的不确定性。

空军基地一级中士迪科(DeKoe)于2011年被派往阿富汗展开军事行动。出发前他与其伴侣托马斯·科斯塔(Thomas Kostura)在纽约登记结婚。一年后,迪科返回美国,供职于田纳西州的空军基地,与科斯塔一起定居于此。但是田纳西州法律并不认可同性婚姻,所以每当他们穿越州界线时,两人都会重新回到未婚状态。

申诉人分别在其所在州的联邦地区法院提起诉讼,认为该州法律将婚姻限定在一男一女之间,禁止同性结婚,拒绝认可同性伴侣在其他州合法缔结的婚姻,违反了联邦宪法第十四修正案。各地区法院在每一起案件中均作出有利于申诉人的判决。各州政府上诉至联邦第六巡回上诉法院。上诉法院合并审理了这几起案件,推翻了下级法院的判决,认为各州并没有义务来许可同性结婚,以及认可在其他各州缔结的同性婚姻。本案申诉人申请联邦最高法院调卷令。本案两个主要争议点在于:第一,宪法第十四修正案是否要求各州许可同性之间的婚姻;第二,宪法第十四修正案是否要求各州认可在其他州合法缔结的同性婚姻。

联邦最高法院以5:4判决禁止同性婚姻或拒绝承认他州同性婚姻的州法律违反联邦宪法,认为同性结婚权是受到宪法第十四修正案保护的基本权利,各州应承认在他州合法缔结的同性婚姻,并赋予其与本州异性婚姻相同的地位和效力。

肯尼迪大法官代表多数派撰写法庭意见,他回顾了婚姻的历史及其内涵的发展变迁,并指出公共政策和文化运动促进了民众对同性恋现象的理解和包容,婚姻制度也应该随着社会变化而发展。他从个人自我选择、婚姻对私人亲密关系的保护、对子女成长和教育的作用,以及婚姻稳定社会秩序的功能四个方面指出结婚权是一项基本权利,也包括与同性结婚。最后,他回应了反对意见,分析了不能再将同性婚姻继续留待立法机关来解决的原因,在个体权利受到宏观民主决策的侵害时,司法机关应该介入,保护同性恋者等少数人的权利。

（二）判决理由及论证

1. 婚姻内涵的变化

肯尼迪大法官从宏观角度回顾了婚姻对于个人权利保障、社会共同体的稳定以及人类文明未来发展的重要意义。婚姻从传统的异性结合扩展至同性之间,可以重新诠释婚姻在现代社会的内涵,并提升其价值。

肯尼迪大法官盛赞了婚姻的神圣性,以婚姻关系为基础组成家庭,是人类社会的基本组成单位。这是人类的基本需求,更是每一个人实现宏大理想过程中必不可少的一环。他用中国《礼记》〔1〕和西塞罗的经典〔2〕来佐证婚姻、家庭是国家的基础,使个体和社会得以凝聚。但是在此之前,人们所认识到的婚姻在形式上依然是两个异性的联合体,并未扩展至同性之间。

尽管婚姻的起源确定了其亘古及今的核心意义,但是它并非孤立于法律与社会的发展而存在,而是与时俱进的。自美国建立之时到现在,包办婚姻逐渐被摒弃,婚姻成为男女之间因为感情的存在而自愿形成的一种契约;〔3〕此后,跨种族婚姻的禁令被解除;〔4〕妇女的社会地位逐步提

---

〔1〕 判决书原文是“marriage lies at the foundation of government”这句话中文原文是“礼,其政之本”,出自《礼记》中的《哀公问》篇,以孔子和鲁哀公对话的形式,阐述了儒家的婚姻伦理观。根据判决书中的注释,该引文出自由著名英国汉学家理雅各(James Legge)翻译,著名华人翻译家翟楚、翟文伯父子(C. Chai & W. Chai)编辑的《礼记》版本,出版时间是1967年。

〔2〕 西塞罗在其《义务论》(De Officiis)中指出:“世之所系者,一曰婚,二曰子,三曰家。”(“The first bond of society is marriage; next, children; and then the family.”) See De Officiis 57 (W. Miller transl. 1913). 转引自 Obergefell v. Hodges, 576 U. S__(2015)。

〔3〕 N. Cott, Public Vows: A History of Marriage, A History 9 – 17 (2000).

〔4〕 Loving v. Virginia, 388 U. S. 1(1967). 1959年,白人男子(Richard Loving)和黑人妇女(Mildred Loving)因结婚触犯弗吉尼亚州《种族完整法》(Racial Integrity Act)的反种族通婚条款(the anti-miscegenation statute),被判处有期徒刑一年,二人离开弗州来到华盛顿特区以获得暂缓执行。1966年,二人在弗州法院提起诉讼,挑战异族通婚禁令的合宪性。弗州最高法院认为该禁令合宪。Loving 夫妇上诉至联邦最高法院。1967年,联邦最高法院判决弗州法律违宪,认为该禁令违反平等保护条款,并认定结婚是公民的基本权利,受到正当程序条款的保护。

升,婚姻不再是男性主导的单一法律实体。诸如此类的演变并未削弱婚姻制度的内涵,而是以其开放性反映了崇尚个性、追求自由的现代理念,并使得这项制度在巩固人际关系、稳定社会秩序和促进文明发展等方面发挥了更深刻的作用。

2. 同性结婚是一项基本权利

肯尼迪大法官在这一部分要证立与同性结婚是一项基本权利。他首先指出第十四修正案的正当程序条款保护的自由涵盖了公民的自我选择权,这项权利对于个人的身份认同和人格独立都极为重要,这当然包括对于定义个人信念的亲密关系的选择。[1] 制宪者们不可能预料到自由一词在所有时间维度下的不同含义,因此允许后代不断发现和挖掘自由的新内涵,而确认并保护这种自由就是司法机关解释宪法的重要使命之一。联邦最高法院需要结合先例,并通过理性判断,来厘清那些对于个人极为基本而国家必须尊重的权利。此前,联邦最高法院受到当时社会环境和时代的局限,并未认真思考婚姻制度是否可以将同性涵盖其中。[2] 但是眼前需要综合考虑历史、传统和新的社会变化,重新定义婚姻权的基本性质。肯尼迪大法官进而从以下四个方面来说明婚姻作为一项基本权利,婚姻自由同样适用于同性恋者之间。

第一,对婚姻的选择是个人自主的固有之义。结婚是公民的基本权利,对其生存和延续具有基础性作用,[3]婚姻是两个人之间的永恒纽带,可以丰富感情和精神生活。这适用于所有人,与性取向无关,[4]是两个人为了追求共同的生活方式和相互的忠诚与和谐而结合在一起,彼此陪伴和理解,克服对于孤独的恐惧。[5] 第二,婚姻关系凝聚着两个人之间最为亲密的私人关系(intimate association),这种关系的存在比《权利法案》更为古老和久远,有着深厚的历史基础。第三,婚姻保护了儿童和其他家庭成员,对子女的抚养和教育等都具有重要意义。美国有成千上万

---

〔1〕 Obergefell v. Hodges, 576 U.S. __(2015).

〔2〕 Baker v. Nelson, 409 U.S. 810 (1972). 1971 年,明尼苏达州最高法院判决将婚姻限定于异性之间的法律合宪。*Baker v. Nelson*, 291 Minn. 310, 191 N.W. 2d 185 (1971). 联邦最高法院驳回上诉,从而维持了下级法院的生效判决,将同性排除在婚姻之外。

〔3〕 Loving v. Virginia, 388 U.S. 1, 12 (1967).

〔4〕 U.S. v. Windsor, 570 U.S. __ 22-23 (2013).

〔5〕 Turner v. Safley, 482 U.S. 78, 95 (1987).

的儿童与其同性伴侣父母生活在一起,[1]如果他们的同性"父母"得到了法律的认可和保护,他们也因此获得了完整意义上的家庭生活。[2] 生育的能力和意愿并非合法婚姻的先决条件,[3]生养子女和繁衍子嗣只是婚姻多项功能侧面中的一项。第四,婚姻是社会秩序的重要基石。婚姻纽带以及家庭关系,在美国人塑造和平公共生活秩序中具有重要意义。[4] 围绕婚姻,多项法律制度得以构建,家庭成员之间的权利义务关系得以确立,整个公民政治生活也因此得以定义,促进了社会文明的进步。[5] 同性伴侣也有权追求高尚的婚姻,享受这一伟大公共习俗带来的福利。

从联邦最高法院处理涉及同性恋权利的先例来看,正当程序条款和平等保护原则是联邦最高法院采取的两条传统进路,以此作为宪法依据保护同性恋者的权利,实现同性婚姻的合法化,但是二者所内含的司法理念,以及对现实实践的影响却不同。一方面,以正当程序条款为基础加以论证,同性结婚是一项基本权利,是自由所保障的内容,那么联邦最高法院也就对婚姻的概念进行了实质性的判断。另一方面,以平等保护原则为基础,联邦最高法院仅仅比较同性和异性在法律上的不同地位,判断同性恋者在具体事项上的权利是否受到不公平的待遇,至于婚姻是什么,同性能否缔结婚姻,依然将之留待立法机关解决,联邦最高法院并未插手。从前述内容来看,肯尼迪大法官显然已经对婚姻的内涵做了实质性判断,围绕正当程序条款的法理作为基础进行论证,但是这不妨碍他再引用平等保护条款来加强论证。但是在本案的多数意见中,他并没有以此来判断两种婚姻形式的待遇有何不同,而是从平等保护条款与正当程序条款关系的角度,强调二者联系异常紧密,要从动态发展的过程来看待其相互关联

[1] Brief for Gary J. Gates, *Amicus Curiae* 4.

[2] U. S. v. Windsor, 570 U. S. _23 (2013).

[3] 比如各州在男女双方注册结婚时,不会询问双方是否会生育子女,也不会以此作为颁发结婚证的前提条件。

[4] Alexis de Tocqueville, 1 Democracy in America 309, *H. Reeve transl.*, *rev. ed.* 1990.

[5] Maynard v. Hill, 125 U. S. 190, 211 (1888),转引自 Obergefell v. Hodges, 576 U. S. __ (2015)。

性,这样有助于更好地理解自由的定义以及法院维护自由的责任。[1]

三、同性婚姻合法化判决的主要争议

在奥伯格费尔案中,少数派大法官们的反对意见主要集中在以下几个方面:同性是否可以结婚应该由立法机关通过民主过程来解决,而不是由司法机关介入;正当程序条款所保护的个人“自由”并未涵盖可以与同性结婚的自由;婚姻的基本功能依然是孕育新生命和繁衍后代,但同性婚姻无法实现这一目的;对于婚姻家庭关系的调整本属于各州的权限范围,联邦最高法院的判决违反了联邦主义原则;同性婚姻与基督教新教倡导的传统婚姻观念背道而驰,推动同性婚姻合法化与保障宗教自由两种理念产生冲突。

(一)由民主过程解决还是司法机关越俎代庖

双方大法官交锋的主要争论点首先即为司法机关是否应该介入有关同性婚姻的公共讨论?反对派围绕民主过程(political process)理论展开批判,强调这个问题应当交由民选代表组成的国会或各州议会,在立法过程中予以解决。同性婚姻支持者一直以来通过这个媒介以平等沟通和辩论的方式传播自己的观点,已经使越来越多的人接受该主张,并且这种公共讨论也正以良性的方式进行着。但是多数意见的大法官却通过此案终结了这些讨论,强制表达他们对婚姻的看法。[2] 斯卡利亚大法官指出关于同性婚姻的广泛辩论展现了美国最优秀的民主实践和社会公共文化,双方相互尊重并努力使对方接受自己的观点,广大民众得以充分考量双方的主张并进行投票,这才应该是美国社会在重大公共议题上应该采纳的运作方式。[3] 显然在他看来本案判决对美国民主造成了威胁。

肯尼迪大法官对此的回应从讨论实践的成熟度和司法审查的理论基

---

〔1〕 肯尼迪大法官列举了涉及婚姻权的先例,来说明这两个条款的协同作用。如在 Loving 案中,联邦最高法院运用平等保护条款和正当程序条款判决禁止异族通婚的法律违宪。Loving v. Virginia,388 U. S. 1,12 (1967). 又如,在 Zablocki 案中,依然是两个条款共同支撑论证了禁止未承担子女抚养责任的父亲结婚违宪。Zablocki v. Redhail,434 U. S. 374 (1978). 即便如此,肯尼迪大法官没有再深入分析这两个条款之间的关系,而是强调婚姻权是内含于个体的自由的。Obergefell v. Hodges,__ 22 (2015).

〔2〕 Obergefell v. Hodges,576 U. S. __ (2015),Roberts dissenting.

〔3〕 Obergefell v. Hodges,576 U. S. __ (2015),Scalia dissenting

础两个方面展开。一方面,从公共讨论的实践来看,很多州对此问题进行的全民公决、立法辩论,以及无数的研究、论述、著作说明相关的公共讨论已足够成熟;各州以及联邦下级法院受理的诉讼中,提出的相关论点就是美国社会多年来讨论同性婚姻的精炼;联邦最高法院在本案中收到数以百计的法庭之友(amicus curiae)意见,也说明了美国社会各领域也致力于解决此问题,促使公众深入理解同性婚姻。即便已有上述诸多公共讨论和社会权利运动之后,同性婚姻这一议题依然摆在联邦最高法院面前,需要由联邦最高法院来解释宪法,判定其是否符合联邦宪法的精神。另一方面,从司法审查的理论上来讲,尽管立法确实是推进婚姻制度变革的合适渠道,但这必须以不剥夺任何人的基本权利为前提。宪法需要将某些特定议题从政治分歧中抽离出来,围绕法律规定讨论其解决方式,将之置于多数人和政府官员无法触及之处。[1] 当个人权利在立法过程中受到多数人的侵害或者忽略时,向法院直接寻求保护,这是美国宪法一直以来保持生命力的原因,宪法应该保护少数人的权利。

(二)正当程序条款是否保护同性结婚的权利

双方针锋相对的另一领域在于对第十四修正案正当程序条款所保护的"自由"一词的理解。多数意见认为,对婚姻的选择属于个人自我决定的范畴,内含于个人自治的概念中,它与在先例中确立的宪法保护避孕、堕胎、保护家庭完整性和子女抚养等选择权一样,[2]受到正当程序条款的保护。

但是反对派认为多数意见无疑将"自由"的外延过于拓宽。托马斯大法官指出正当程序源自大宪章,并回顾了该条款写入联邦宪法时的原初含义。布莱克斯通将大宪章中正当程序所保护的"个人自由"理解为"一个人享有的不受约束和限制的自由移动,自由改变其所处方位的能力"。[3] 审视宪法第五修正案起草和通过时的历史背景,很难想象"自

---

[1] West Virginia Board of Education v. Barnette,319 U.S.624,638 (1943).

[2] 相关判例包括:Griswold v. Connecticut,381 U.S.479 (1965); Roe v. Wade,410 U.S.113 (1973);Planned Parenthood v. Casey,505 U.S.833 (1992);Moore v. City of East Cleveland,431 U.S.494 (1977); Carey v. Population Servs. Intl. ,431 U.S.678 (1977)。

[3] 1 W. Blackstone, Commentaries on the Laws of England 130 (1769),转引自Obergefell v. Hodges,576 U.S. __ (2015),Thomas dissenting。

由”一词还可被解释为其他比身体不受约束更为宽泛的含义；同样，在第十四修正案通过时，美国人民已经接近一致地将“自由”理解为身体不受约束。[1] 他认为多数意见对于自由的理解偏离了制宪者的原意。在美国法律制度的传统下，自由被强调为不受政府行为约束的消极侧面。只要同性伴侣还能在某些州举行婚礼，不受束缚地通行于各州各地并选择地点安家定居，他们的自由就没有被剥夺。[2]

阿利托大法官对于自由的理解较托马斯大法官而言稍广一些。他指出美国的建国原则是人人都拥有不可剥夺的自由。自由有多重含义。如何发掘自由在今天的含义，又需要回溯至“那些深深根植于美国历史和传统中”的权利，而不能由多数意见的五位大法官将他们对于自由的理解强加于美国人民。显然同性婚姻权并没有“根植”于这样的“历史和传统”中，因而不是正当程序所保护的自由。[3]

这一点的争议反映了双方在宪法解释方法上的一贯分歧。反对派坚持原旨主义（originalism），反对依据当代的社会变化、风俗习惯或者大众舆论来理解第十四修正案，而是诉诸两百多年前制宪者的原初意图。制宪者们显然没有预料到同性婚姻会成为美国社会热议的话题。因此所采取诉诸历史传统的方法来确定同性结婚是否为一项应该受到宪法保护的未列举权利，答案是否定的，因为它没有长期存在的历史实践作为支撑。而多数意见则采用了“活的宪法”（the living constitution）理论，主张保持宪法的开放性，以及自由和权利体系的适度开放性，来吸纳社会变迁中产生的新理念。正如肯尼迪大法官所指出，制宪者们从未假定他们知道自由的界限，而是留待后人按照自身的理解来保护全体公民享受自由的权利，[4]要尊重历史，但不能让过去束缚未来。因此从文明标准的演进程度来看，既然人们对婚姻和同性恋的认知发生了变化，就应该容纳与这些变化相伴而生的新价值，承认婚姻可以将同性涵盖其中。

（三）婚姻的功能：生命延续的组织体抑或庄严的感情承诺

社会发展促使婚姻制度的整体结构发生转型，并波及那些传统上被

---

[1] 第十四修正案于 1868 年 7 月 9 日批准通过。

[2] Obergefell v. Hodges, 576 U. S. __ (2015), Thomas dissenting.

[3] Obergefell v. Hodges, 576 U. S. __ (2015), Alito dissenting.

[4] Obergefell v. Hodges, 576 U. S. __ (2015).

认为是理所当然的重要元素。[1] 当然这里的重要元素就是传统婚姻要求的一男一女的性别因素。无疑,20 世纪中后期美国社会同性恋者权利运动不断发展,公众对于同性恋的广泛讨论,以及不断提高的包容度,还有司法机关对于同性恋者权益保护的回应,这些社会变迁必然会促使人们思考婚姻中传统的性别因素是否也该被取代。

阿利托大法官指出对婚姻内涵主要存在两种理解。第一种是传统的理解,认为婚姻的本质就是两位异性之间为了创造新生命和繁衍后代而进行的结合。在人类文明的多种形式中,婚姻都被看作专属于异性之间的结合,与生育下一代和亲属纽带之间有着无法割舍的联系。第二种是因社会流行文化而产生的新理解,认为婚姻是两个人之间的庄严承诺,以强烈的感情连接和吸引力为标志。在第二种理解之下,选择步入婚姻殿堂的人们在稳定、满足和相互扶持的婚姻关系中可以成为更好的公民,因此以婚姻形式来保障同性关系也可以间接造福于整个社会。[2]

围绕同性婚姻争论最多的就是家庭和后代。同性婚姻合法化之后,新的家庭生活方式冲击着传统的家庭道德观念。社会能否接受并适应这样的改变?新型家庭生活中的儿童会受到怎样的影响?其他传统禁忌是否会紧随其后要求合法化?这一系列连锁反应都是未知数。这也可能是反对派迟疑不决的原因之一,所以阿利托大法官说"没有人——包括社会学家、哲学家和历史学家——可以预料到普遍接受同性婚姻后所形成的纵横交错的长期状态会是什么样。法官就更没有能力作出这样

---

〔1〕 Obergefell v. Hodges,576 U. S. __ (2015).

〔2〕 阿利托大法官在 2013 年 Windsor v. U. S. 案中,对这两种理解进行了更细致的分析。他将第一种称为"传统"观点或"夫妻"的观点("traditional" or "conjugal" view),这种观点认为婚姻存在的目的就是将发生性关系的两者转化为适于生育抚养下一代的结构。其他人用哲学术语来解释婚姻制度的基础。他们认为婚姻本质上就是为了创造新生命的结合,尽管现实中很多婚姻双方并没有这样做,这是一种全面、排他、永久的庄严结合。虽然现代文化的变化弱化了在大众头脑中,婚姻和生育下一代之间的关系。他将第二种称为"基于同意"的观点("content-based" vision of marriage),在这种观点之下,婚姻的基本定义是双方的庄严承诺——以强烈的感情连接和性吸引力为标志——这存在于两个人之间。至少这种观点也涵盖了异性的配偶之间,所以它在大众对于婚姻制度的理解中占有显著地位。实际上,我们的流行文化充满了这种理解。同性婚姻的支持者辩称性别之间的差异跟这种观点没有关系,将同性婚姻排除在婚姻制度之外是十足的歧视。U. S. v. Windsor,570 U. S. __ at 14 (2013),Alito Dissenting.

的判断了”。[1]

(四)宗教自由与同性婚姻的冲突

同性婚姻合法化之后,必然会与其他权利产生紧张与冲突。同性婚姻与基督教所倡导的传统婚姻观念背道而驰。[2] 但美国还崇尚个人自由,这是美国社会最为珍视的价值,同性婚姻合法化就体现了该国度的包容性与多元化。推动同性婚姻合法化与保障宗教自由两种理念,会在两个层面产生冲突。一是因本人秉持的宗教理念反对同性结婚,却要强迫他人也接受这一主张;二是因宗教理由反对同性婚姻,但因同性结婚合法化而无法遵循宗教理念。

此前在同性婚姻合法化的各州,其立法机关也同时实行对宗教活动的特殊照顾,[3]以表达对宗教信仰的尊重。但是本案判决没有考虑到此类特殊照顾,有宗教信仰的人无法从本案判决中找到任何慰藉。[4] 托马斯大法官指出,宗教自由不仅要保护“宗教团体和个人来宣扬使得他们人生和信仰获得满足的原则”,还要保护从总体上行使宗教行为的自由。婚姻作为政府制度和宗教制度,其不同功能必然会产生矛盾,比如个人或者教堂被要求参与同性婚姻的时候。本案判决无疑对美国长期以来致力保护的宗教自由产生深刻影响。肯尼迪大法官对这一点的回应稍显无力,仅用简短的一段话表示同性婚姻合法化后,宗教自由依然得到保护。他强调一切拥有并遵循宗教信仰的人,可以继续依据其教义认定同性婚姻不可容忍,并追求自己一贯尊崇的家庭模式和结构。支持和反对的双方依然可以就此话题进行开诚布公的激烈辩论。[5]

虽然世俗婚姻与宗教婚姻逐渐实现了分离,但宗教依然能对其教徒

---

〔1〕 U. S. v. Windsor,570 U. S. __ at 14 (2013),Alito Dissenting.

〔2〕 《圣经·利未记》十八:22“不可与男人苟合,像与女人一样,这本是可憎恶的。”《圣经·利未记》二十:1—3“人若与男人苟合,像与女人一样,他们二人行了可憎恶的事,总要把他们治死,罪要归在他们身上”。《圣经》中的记载基本反映了社会对于婚姻的普遍定义,即一男一女的结合,以互相协助生活、繁衍后代为意义组建家庭。这是宗教人士反对同性婚姻的主要理由之一,因为“婚姻是上帝许可的结合”。

〔3〕 针对宗教团体部分,允许同性结婚的州法律多制定有“宗教豁免”(Religious exemption)条款,允许私人或团体根据其道德观点,来拒绝同性恋者参加活动或成为会员。以此既保护同性恋者权利,也保障公民基于宗教信仰而表达不同态度。

〔4〕 Obergefell v. Hodges,576 U. S. __ (2015),Roberts dissenting.

〔5〕 Obergefell v. Hodges,576 U. S. __ (2015).

提出道德上的要求和约束,这也必然导致同性婚姻合法化的判决会遭到质疑甚至抵制。美国司法机关强调,民事婚姻不应该由宗教教义或者个人宗教观念来加以判断,州政府不应该将宗教观点直接或者间接呈现在立法中。[1] 西方法律文化深受基督教的影响。同性恋权利与宗教自由的冲突一直存在,正如首席大法官罗伯茨所预料的那样,这些棘手的具体问题迟早会出现在联邦最高法院面前,比如,教会学校只向异性结婚的双方提供住宿,而不设置同性伴侣的宿舍;或者一个宗教收容机构拒绝同性伴侣收养小孩的请求等;[2] 宗教组织基于其宗教信仰拒绝雇用同性婚姻人士;商业服务人士基于自身宗教信仰拒绝为同性婚姻者提供服务等。如何在多元社会中,为秉持不同信仰和价值观的主体提供对话、辩论甚至竞争的法律通道,并在两者的权利之间确定一个合适的界限,最终实现求同存异和融洽共处,合理分享社会资源,并实现基本人际关系的认同,也是联邦最高法院需要面对的问题。

四、结语

本案判决使美国成为世界上第21个实现同性婚姻合法化的国家,但立即遭到包括德克萨斯州在内的数十个州的反对。对于上述围绕同性婚姻展开的宪法争议,并没有唯一正确的最终定论。同性婚姻跨越了传统的以阶级、种族、族裔、性别、地域、行业甚至政党意识形态为基础的群体界限,被认为直接挑战了传统文明社会的伦理底线,对正常的家庭和婚姻秩序构成威胁。

社会变迁瓦解着以性别为基础的传统婚姻理论,婚姻作为传宗接代的工具化色彩逐步淡化。美国社会自20世纪70年代以来同性恋权利运动的发展,以及各级法院围绕同性婚姻的系列诉讼案件,推动了民意在此话题上的转变。更多的人越来越关注那些曾被忽视的少数人权利,追求个人的平等自由和自我发展,并尊重他们在不损害他人利益的前提下追求个人幸福,这种改变本身就体现了现代社会的价值多元性和开放性。

---

〔1〕 Varnum v. Brien, 763 N. W. 2d 862 (Iowa 2009).

〔2〕 Obergefell v. Hodges, 576 U. S. __ (2015), Roberts dissenting.

同性伴侣制度的困境与出路

段知壮*

摘　要:2016年"同性恋婚姻登记第一案"的受理与审判一时间引起了社会各界的广泛讨论,以同性婚权为代表的同性恋权利运动已不再满足于民间的舆论支持,而开始积极寻求法律的制度性保障。但同性婚姻在中国仍然面临着理论架构与道德评判的双重困境,一向被视为同性恋权利理论基础的"酷儿理论"在解构异性婚姻制度的同时并不能为同性婚姻建立起有力支撑,此外特定文化背景下婚姻的社会属性也并非是空想伦理主义,而有着强大的社会意识内涵。尽管同性婚姻或许还面临着诸多现实障碍,但"酷儿理论"解构后的个人主体构建与婚姻制度中的契约因素却为同性伴侣制度打下了坚实的基础。社会现实需要法律制度的正视与回应,或许同性伴侣制度能够为当下的同性婚权主张提供一个切实可行的选择性路径。

关键词:酷儿理论;道德阀点;同性伴侣制度

---

* 段知壮,浙江师范大学行知学院讲师,法学博士,日本爱知大学中国研究科博士候选人。

一、引言

2015年6月23日，长沙市民孙某与同性男友胡某前往长沙市芙蓉区民政局要求办理结婚登记，结婚登记处工作人员予以明确拒绝，并告知我国《婚姻法》只允许男女缔结婚姻关系，同性之间结婚没有法律依据。孙某不服，遂向长沙市芙蓉区法院提交诉状，起诉长沙市民政局行政不作为。2016年4月13日，法院做出一审判决，判决驳回孙某、胡某诉讼请求。6月27日，长沙市中级法院做出二审判决，驳回上诉，维持原判。此案件为全国"同性恋婚姻登记第一案"，先后被评选为2016年湖南省法院行政审判典型案例、2016年中国十大影响性诉讼、2016年度中国十大宪法事例、2016年度中国行政诉讼十大案件等。此后，该案当事人孙某在网络上发起"同性婚姻法制化连署"活动，截至2017年3月17日，已有近五千人参与了该活动。

在一些比较视野下的同性恋研究中有学者提到，对中国同性恋群体而言，似乎缺少了一个直接的强有力的"对手"，或者说缺少一种直接的压制力量，从而在明文的法律方面，没有受到太多关注。但反过来说，中国同性恋群体因此产生社会应激性的动力就不足。一方面，实用主义的生活方式让该群体处于"相对安全"的社会灰色地带；而另一方面，在面对社会歧视与压制时就显得脆弱。[1] 正因为这种情况，相比西方同性恋权利运动的轰轰烈烈，中国同性恋者自身追求权利保障的主动性及参与性还存在着很大的欠缺，作为当事人的他们更愿意选择作为"沉默的大多数"，[2]"在同性恋不能被国人完全理解的情况下，我们要求同性恋群体主动争取权利的想法就似乎会变得有些苛刻与无情，对于他们通过个体的消极对抗或迁怒他人来表示心中的不满或消极回应人权的进步行为就可以表示理解了。但是，这种思想上消极的态度，而不是主动的态度不可避免地会对同性恋人权保障的方向和进程产生一定的影响"。[3] 探索同

---

〔1〕 贾平：《存在与尊严——从薛某案看当代中国同性恋相关法律的变迁》，载《反歧视评论》（第1辑），法律出版社2014年版，第175页。

〔2〕 张健：《中国同性婚姻合法化还有多远——一个法社会学的考察》，载《德州学院学报》2010年第5期。

〔3〕 何东平：《中国同性恋人权保障研究》，厦门大学出版社2012年版，第157页。

性伴侣制度[1]的根本落脚点应当是该问题是否具有现实性,即应当由中国的同性恋者来回答对这种诉求是否具有现实性。虽然绝大多数的法律从业者均认为“同性婚姻登记第一案”几乎没有胜诉的可能,但仍然同意该案具有着“历史性的意义”。在某种程度上该案正是对同性恋权益(尤其是最焦点的婚权)诉求的一个表达,这与李银河在2001年第一次委托人大代表向两会提交“同性婚姻合法化”提案时竟无一名同性恋者公开支持的历史形成鲜明的反差。一些社会学的调查也发现,长期且稳定的伴侣关系,是近些年在中国各地大部分同志所渴望的生活,同时也是同志社群内部越来越普遍和常见的情况,[2]甚至一些通过非制度性途径而进行生育的同性伴侣也被纳入研究者的视野,[3]“包括婚姻权利在内的同性恋者的平权请求,日益成为社会正当价值体系的应有之义”。[4] 但与此同时,同性婚姻仍然面临着理论架构与道德评判的双重困境,该案件的受理与审判远没有完成对传统婚姻制度的反思以及对同性伴侣制度的构建,同性伴侣制度究竟该何去何从,已经不再是一个“超前”的问题。

二、被“酷儿”理论解构后的重建困境

在以往的学术研究中,无论是医学、历史学或者其他学科,学界基本达成了一种共识,即同性恋既不是某些社会腐朽的产物,也不是某个民族特有恶习的产物,而是人类性活动中常见且反复出现的一部分,是作为基

[1] 有学者结合世界各国的同性伴侣制度分类认为同性伴侣关系与民事结合制度之间存在一定差别,特别是在享有权利上,民事结合制度较之同性伴侣关系更为广泛,也更趋向于同性婚姻合法化模式。只是在名义上避开了“婚姻”两字可能会带来的诸多棘手问题。详见张剑源:《性倾向、性别认同、同性恋立法运动回顾及相关问题研究》,载《环球法律评论》2008年第4期。在本文中笔者所言同性伴侣制度仅作同性之间“婚姻”与他种结合方式之区分,而不对具体的同性伴侣制度模式做差别介绍。也有学者用“准同性婚姻”来指代除同性婚姻外的其他同性伴侣制度,详见何群、郝靖:《同性婚姻合法化的人权视角》,载《广东广播电视大学学报》2013年第2期。

[2] 魏伟:《同性伴侣关系:亲密关系的多重样态及可能》,载《探索与争鸣》2013年第5期;富晓星、张可诚:《在隐形“婚”与制度婚的边界游走:中国男同性恋群体的婚姻形态》,载《华南师范大学学报》2013年第6期。

[3] 魏伟:《同性伴侣家庭的生育:实现途径、家庭生活和社会适应》,载《山东社会科学》2016年第12期。

[4] 涂四益:《美国欧伯格菲案背后的权利哲学》,载《法学评论》2015年第6期。

本社会事实而存在的。[1] 但同性性倾向可否逆转的判定却始终悬而未决,这直接导致了同性恋人权根基的动荡。虽然在一定时期内,同性恋权利保卫者们借助医学的研究来试图说明同性性倾向的不可改变性,但想借此论证同性性倾向是人的本性显然还存在诸多不可克服的障碍。[2] 比如,如果黑人的肤色可以通过医学手段来改变,解决种族歧视是不是可以通过医学手段来实现呢?如果发现了对同性恋医学治疗或预防(如改变基因)手段的话,是否同性恋问题也可以简化为单纯的医学问题了呢?不可改变显然并不是问题的核心。[3]

对性倾向的多重认定标准就可以非常生动地说明这种性倾向与社会性别构建之间的差别问题。一是一个人的(性)吸引方向;二是性行为方向;三是在特殊情境下的性行为方向;四是自身的身份认同。这四种性倾向的含义互相之间并不一致,也可能存在相互之间的交叉与矛盾。[4] 因此对于同性恋这一概念,"我们必须把它视为一个被建构的知识范畴,而不是一种被发现的认同"。[5] 这就意味着在探讨同性婚姻制度可行性的同时需要将其与异性婚姻之间可能存在的种种勾连进行系统的梳理,如已经进入异性婚姻的同性恋者是否可以以此要求解除异性婚姻;双性恋者是否可以选择不同性别的对象进入多次婚姻;同性恋者可否以性倾向转变对原有同性伴侣关系提出实质性抗辩等,这是社会性别建构主义理论在颠覆原有婚姻性别基础时所不得不去解决的问题。也就是说,同性婚权的倡导者们打破原有婚姻性别建构的同时,也在某种意义上失去了对同性婚权的自由保障之基。法律不对同性性行为进行制约已经完成了对性倾向的自由选择之保障,但要求法律对同性伴侣制度进行重新架构却又需要另一番理论支撑。毕竟,婚姻制度并不仅是一种保障,同时也是对自由的制约。

---

〔1〕 冯浩:《同性恋者的婚姻权》,载《人权研究》(第10卷),山东人民出版社2011年版,第251页。

〔2〕 王森波:《同性婚姻法律问题研究》,中国法制出版社2012年版,第78页。

〔3〕 王森波:《同性婚姻法律问题研究》,中国法制出版社2012年版,第68页。

〔4〕 褚宸舸主编:《自由与枷锁——性倾向和同性婚姻的法律问题研究》,清华大学出版社2014年版,第40~41页。

〔5〕 [英]塔姆辛·斯巴格:《福柯与酷儿理论》,赵玉兰译,北京大学出版社2004年版,第45页。

酷儿理论作为建构主义的典型代表,其核心就在于认为生理性别、社会性别和性取向之间没有必然的联系。“它不仅要颠覆异性恋的霸权,而且要颠覆以往的同性恋正统观念。酷儿理论提出了一种表达欲望的方式,它将彻底粉碎性别身份和性身份,既包括异性恋身份,也包括同性恋身份。”〔1〕正因如此,酷儿理论的弊端也十分明显,“酷儿理论虽有着明确的挑战传统与权威之目的,但却未能清晰地勾画其将要重构的秩序以及重构。人类社会是在传承文化——树立权威——创新文化的循环往复中发展和实现秩序的,绝对的自由、完全的民主和权威尽失的社会从来就未出现过,那将是一个‘失范’的状态和失控的世界”。〔2〕也就是说,建构主义的目的并不是为同性婚姻的正当性提供论证,也不是通过同性婚姻来冲击传统的婚姻观念,它所解构和批判的是婚姻制度本身。〔3〕虽然一些论者并不否认酷儿理论所带有的这种解构,并在某种程度上拒绝重构,认为同性婚姻“促进了同性恋关系的标准化,将政府的角色带到同性关系中来,从而削弱了同性恋者的自由,并将对更激进的同性恋者进一步边缘化”。〔4〕但同性恋试图争取平等公民权的欲望与当前中国同志运动中的同化主义策略恰恰是对占据统治地位的主流价值观的认可与支持,〔5〕这与酷儿理论的解构倾向就形成了鲜明的反差。有学者就曾敏锐地观察到,在美国联邦最高法院所审理的欧伯格菲案中,肯尼迪大法官所撰写的多数意见书中就体现了这种困境,“他还不想把‘性取向’作为一个被宪法保护的类别;因为一旦性取向成为一个被保护的类别,州的立法中凡是涉及区分同性恋、异性恋,或者只说异性恋不说同性恋的地方都要受到严格的宪法审查”。〔6〕如果想要对同性婚姻进行法律确认就不能以对婚姻的解构为前提,相反对婚姻制度构建的巩固(虽然说是一种非传统意义的

---

〔1〕 李银河:《酷儿理论》,文化艺术出版社2003年版,第10页。

〔2〕 熊金才:《同性结合法律认可研究》,法律出版社2010年版,第75页。

〔3〕 王森波:《同性婚姻法律问题研究》,中国法制出版社2012年版,第76页。

〔4〕 William N Eskridge,“The Idiological Structure of the Same-sex Marriage Debate”, in “*The Legal Recognition of Same-sex Partnerships: A Study of National, European and International Law*”, Robert wintemute and Mads Andenas, 2001, p. 115.

〔5〕 李琪、罗牧原:《公私划分的理论旅行:中国同性婚姻再思考》,载《社会学评论》2016年第3期。

〔6〕 潘心怡:《解读美国联邦最高法院奥贝格费诉霍奇斯案——同性婚姻,在法律面前平等的尊严》,载易延友主编:《中国案例法评论》(第2辑),法律出版社2016年版,第104页。

巩固)才是将同性恋纳入其中的有效途径。毕竟"对于被指认的事物而言,主体的地位或身份被构建这一事实并不减损其实在性",[1]对性倾向与社会性别之间的解构与对婚姻制度的建构之间或许并不存在"你死我活"的对峙。

尽管有论者试图凸显婚姻的契约属性,并借助于一系列先行研究当中的有力证据,如婚姻的本质"在于它是由两个符合法定条件的成年人自愿达成的协议……婚姻关系的核心部分在于彼此提供补充式(互惠的)服务",[2]但这并不能抵消对婚姻关系之中社会属性的承认。婚姻"这种稳固的关系对社会秩序和结构起着其他任何组织无法替代的基础作用,它构成了最基本的社会关系结构。通过这种关系结构,婚姻不仅将两个成年人结合在一起,而且还将更大范围内的亲属连接起来,由此形成了最为基本的人际关系网络,这一网络构成了社会网络结构中最为稳定的主干"。[3] 这种观点在以差序格局为典型特征的中国社会明显有更强的说服力。

因此,同性恋权利的根源还是应当回溯到社会性别的构建之上。社会性别之"非男即女"的性别二元构建往往是依托于自然性别的区分,但事实上自然性别本身就存在着多元复杂性。如有学者提出人的生理性别可能表现出"男性""女性""真两性人""假男性""假女性""无性人""变性人"七种性别。[4] 因此社会性别之"非男即女"的二元构建与自然性别的多元复杂之间并非完全一致,而是存在较大的不同。[5] 从这个意义上看,纯生理性的性别构建或纯社会意义上的性别构建可能都潜伏着某种极端主义倾向。即使是个体人拥有了相对自由的性别构建选择权,也仍然无法逃脱权力符号在社会性别的构建当中的影响力,因为这种选择本身就是社会性别构建的产物。在这样的背景下,即使是解构主义阵营当中的一些相对缓和态度的出现也许不失为一种重构的力量,"我们不是要宣扬不一样,而是要确立更加宽容的……生活等条件,来抵制各种同化

---

[1] [英]塔姆辛·斯巴格:《福柯与酷儿理论》,赵玉兰译,北京大学出版社 2004 年版,第 49 页。

[2] 转引自[英]安东尼·丹尼斯、罗伯特·罗森:《结婚与离婚的法经济学分析》,王世贤译,法律出版社 2005 年版,第 12 ~ 15 页。

[3] 王森波:《同性婚姻法律问题研究》,中国法制出版社 2012 年版,第 114 页。

[4] 莫爱新:《民法中的性权利研究》,中国政法大学出版社 2011 年版,第 14 ~ 15 页。

[5] 莫爱新:《民法中的性权利研究》,中国政法大学出版社 2011 年版,第 125 页。

模式”。[1] 酷儿理论虽然对婚姻制度的冲击存在“无序”的潜在威胁,但却与以“个体人”为体系构建的现代民事契约精神有某种程度的暗合,即酷儿理论对性别的打破即使无力动摇婚姻制度当中的既有规范体系,但却为个体人在创造民事结合的道路上打下了坚实的基础。

三、道德“滑坡”之上的法律阀点

尽管许多学者都意识到,如今婚姻、性和生育“三位一体”的规范方式开始解体,婚姻与生育在理论上和制度上被分开,[2]这成为同性婚姻诉求产生的一个基础。[3] 但婚姻仍然在制度上保障着两性关系的稳定,从而维持着社会生活的基本秩序。

这种观点尤为体现在对滑坡理论的阐述当中。滑坡理论认为,如果同性之间可以结婚,那乱伦是不是可以得到允许?近亲是不是也可以结婚?跟幼童之间可不可以结婚?这个逻辑终点到哪里停止呢?[4] 从法律制约的角度看,滑坡理论背后所提出的问题主要集中在两个方面,第一个问题是法律规范对人类性行为自由的规制边界应处于何处?第二个问题是法律规范对同性伴侣关系进行保障,是否即表明政府认定该种关系的维系是值得赞许、值得追求的生活方式?[5] 即“张口权利、闭口权利的公共话语容易迎合一个问题所具有的经济的、眼前的和个体的维度,但同时却常常忽视了其所具有的道德的、长期的以及社会的内涵”。[6]

有学者曾从三个角度对滑坡理论进行反驳。第一,滑坡理论是一种修辞手法,它的出发点是命题的“可能性”;第二,在世界上已经同性婚姻合法化的国家和地区并没有出现滑坡理论者所说的恐怖后果;第三,随着社会经济形态的演变,人们的道德规范也在不断变化着……没有一个永恒的、终极的、适用于各个历史发展时期的道德规范,道德只能是时代的

---

〔1〕 [美]朱迪斯·巴特勒:《消解性别》,郭劼译,上海三联书店2009年版,第4页。

〔2〕 冯浩:《同性恋者的婚姻权》,载《人权研究》(第10卷),山东人民出版社2011版,第260页。

〔3〕 郭晓飞:《中国法视野下的同性恋》,知识产权出版社2007年版,第187页。

〔4〕 郭晓飞:《中国法视野下的同性恋》,知识产权出版社2007年版,第187页。

〔5〕 马平:《同性恋问题的宪法学思考》,法律出版社2011年版,第122页。

〔6〕 [美]玛丽·安·格伦顿:《权利话语》,周威译,北京大学出版社2006年版,第226页。

产物。[1] 在这三种对滑坡理论的质疑当中,第三点才是探讨滑坡理论的关键。滑坡理论的一个根基即在于社会通行的道德观念或者是说主流价值观的一个支撑,纵观世界历史长河中婚姻制度的变化就可以发现,用现行智识去理解婚姻制度的逻辑终点确实是一种几乎难以实现的任务。滑坡之上的道德阀点本身就需要根据客观情况进行调整与更改,那么对现阶段社会经济形态基础下婚姻制度的判定可能终归还是需要通行道德理念的支撑。婚姻制度与性行为在一定程度上的分离其实就是滑坡上"阀点"的一次位移,法律规范对性行为的规制本身就不存在一个永恒的边界,该边界在不同的时空范围内可能有着巨大的反差。在这种逻辑之下有论者提出,"将婚姻定义为种族内部的结合、或者定义为一男一女的结合,就像将强奸定义为男性对于女性的强行性行为一样,并不能解决实际的社会问题"。[2] 但反过来说,对相关问题的解决,并不一定需要通过更改婚姻的道德定义来实现。至少在当今的法律框架下,性行为在一定范围内已经不再是法律所强制的一种义务性规范,但这种对性自由的许可并不代表着国家对某种特定性态度的赞许与推崇。进而引申的是,同性之间对伴侣的需求仅仅是对性权利的追求吗?或者说,国家对同性伴侣制度的表态又可以等同于国家对同性性行为的法律判断吗?如前所言,婚姻、生育与性之间的规范性分离已经十分凸显,那么同性之间的伴侣权与性权无疑也存在分离的趋向,因此对同性婚权的法律判定更多的是集中在对婚姻制度的理解之上,而非局限于对同性性行为的法律表态。即同性婚姻是通过法律将伦理道德范畴内的任意关系转变并固化为法律范畴内的具有强制色彩的权利义务关系,所以同性婚姻问题不能简单等同于同性恋问题。[3]

如郭晓飞所言,支持同性婚姻的论证即使在理性上被认为是正当的,也不得不等待社会在道德观上的变迁,反过来讲,反感同性恋的社会舆论即使再强大,也要在进入立法决策的时候接受理性辩论的过滤。[4] 一些

---

〔1〕 褚宸舸主编:《自由与枷锁——性倾向和同性婚姻的法律问题研究》,清华大学出版社 2014 年版,第 191 ~ 197 页。

〔2〕 涂四益:《美国欧伯格菲案背后的权利哲学》,载《法学评论》2015 年第 6 期。

〔3〕 纪红心:《自由视域下的同性恋及同性婚姻》,载《法学杂志》2015 年第 3 期。

〔4〕 郭晓飞:《中国法视野下的同性恋》,知识产权出版社 2007 年版,第 203 页。

社会学研究就曾发现，我国台湾地区官方对同性婚姻的积极态度与当地的同性恋者因更多顾及家庭的感受和社会的影响而对同性婚姻报以不那么积极的态度形成奇怪反差。[1] 在美国联邦最高法院所审理的欧伯格菲案中，持反对意见的罗伯茨大法官也特别强调，同性婚姻应该通过政治民主过程由各州来决定，而不应该由联邦最高法院决定。[2] 这些声音都反复强调了婚姻所包含的社会属性。这种貌似二元悖反的困境，似乎只有等待两者皆具足的状态下同性婚姻才能真正地走进现实生活。

有学者甚至提出，如果相应的大众观念的变革和社会文化的变迁没有实现，创建法律的努力不仅可能是徒劳的，而且也未见得能够给同性恋者带来法律保障。[3] 但这一判定并不影响对社会存在的正视，即在探讨同性婚姻的实践性时，并不妨碍我们正视同性伴侣一起以保持稳定关系进行共同生活的期待与诉求。换句话说，滑坡理论讨论的关键其实是对婚姻概念的道德评价，但在这种讨论的同时，我们并不能以此来抵斥人对爱情、对美好生活的正当向往。正如有学者从婚姻道德的角度来分析同性婚姻的可行性，"如果说只有以爱情为基础的婚姻是道德的，那么承认同性爱情的婚姻制度是合乎道德的，而阻碍相爱的同性恋者缔结婚姻关系的外力则是不合乎道德的。为了阻抗和中和这种不平衡的外力以便让所有人依照自己的性倾向追求幸福，延及同性伴侣的婚姻制度应成为一种有效的反制力量。同性爱是一种基于双方自愿的爱情，它与异性爱除了性爱对象性别的不同之外其他方面没有根本不同"。[4]

当然，法律尤其是婚姻家庭法是一国传统伦理道德和传统文化沉积的产物。[5] 法律绝不仅仅是立法者意志和理性化的规范。立法者对传

---

〔1〕 Patton, Cindy, "Stealth Bombers of Desire: The Globalization of 'Alterity' in Emerging Democracies", in "*Queer Globalization: Citizenship and the Afterlife of Colonialism*", New York: New York University Press, 2002, pp. 195 – 218.

〔2〕 Obergefell v. Hodges, 576 U. S. (2015), (Roberts, dissenting, at 3).

〔3〕 魏伟：《酷读中国社会：城市空间，流行文化和社会政策》，广西师范大学出版社 2015 年版，第 221 ~ 223 页。

〔4〕 周丹：《爱悦与规训——中国现代性中同性欲望的法理想象》，广西师范大学出版社 2009 年版，第 246 页。

〔5〕 有学者将制约我国同性婚姻制度的文化根源归结为阴阳之道的传统哲学思想、传宗接代的婚姻观念、严格的儒教伦理秩序以及根深蒂固的两性婚姻制度等，详见李宏、季璐璐：《我国同性婚姻之否定的文化根源探析》，载《广西社会科学》2014 年第 9 期。

统习俗视而不见甚至做出彻底的改变,必然要付出巨大的代价。尽管同性婚姻合法化的诉求已经出现,并不表明中国传统婚姻观念已经发生彻底变革,社会大众对同性恋产生了普遍的宽容。[1] 同性结合法律认可的重心不在于立法,而在于社会本身。当同性结合法律认可能够获得社会集体意识的支撑或"道德上多数"的支持时,同性结合法律认可的法律实践便具有了社会集体意识基础,进而达成了法律与道德的一致,其调整效果便有了保障;否则,相关立法只能是"纸上法",而不可能成为"行动中的法",立法的目的就无从实现。[2] 但这种观点或许对婚姻和民事结合两个概念存在一定的混合使用,从民事结合的角度上来看,无论是同性还是异性之间的结合更多体现的是一种契约精神,对这种结合的认可远非对同性婚姻的道德认证,而仅是对同性伴侣权诉求的一种客观回应。对同性婚姻诉求遭遇到的最常见的挑战就是婚姻的概念界定,[3] 即婚姻这一制度除了契约属性之外是否还承担着道德归属。有学者认为,法律层面上婚姻的本质是契约,法律的调整对象只能是人的外部行为,而不是人的情感,法律视域中的婚姻不是以爱情为正当性基础的。从近现代法律发展来看,人类社会实现了"从身份到契约"的飞跃,婚姻关系成了一种身份契约关系,即"婚姻是一男一女合意以结为夫妻并终生共同生活为目的的结合"。[4] 由此推之,同性恋者"婚姻"即指同性恋者合意以终生共同生活为目的的结合。婚姻的成立要件是当事人之间的设权性意思表示,只要当事人主体适格,意思表示真实,那么他们的婚姻在法律上就是合法有效的,应该受到法律的保护。[5] 然而同性婚姻的反对者则认为,"婚姻首先是一种关系的联合,夫妻之间做出承诺,相守一生。这种类似于契约的承诺在本质上不同于契约。契约是自由地达成的一种承诺,这种承诺既可以改变,也可以放弃。然而,婚姻却不是一种契约实践,而是一种道德关

---

〔1〕 褚宸舸主编:《自由与枷锁——性倾向和同性婚姻的法律问题研究》,清华大学出版社 2014 年版,第 201 页。

〔2〕 熊金才:《同性结合法律认可之法社会学分析》,载《甘肃政法学院学报》2010 年第 3 期。

〔3〕 郭晓飞:《中国法视野下的同性恋》,知识产权出版社 2007 年版,第 183 页。

〔4〕 余延满:《试论近、现代法上婚姻的本质属性》,载《法学评论》2002 年第 3 期。

〔5〕 冯浩:《同性恋者的婚姻权》,载《人权研究》(第 10 卷),山东人民出版社 2011 年版,第 262 页。

系的确认。尽管在婚姻法的规定中,只能以类似契约的方式管理婚姻的相关事务”。[1] 毫无疑问,在对“婚姻”这一概念类型进行界定时,类型特征的不同界定定会产生不同的法律后果,但类型特征的界定是先定的政治判断或价值判断的结果,在这其中就存在较大的自由判断空间。[2]

笔者在此并不否认婚姻概念的道德属性,但问题是法律保障同性伴侣关系并不表明立法赞许同性恋生活方式。[3] 相反,虽然社会公共的道德认知对法律的制定及实践有着极大的牵制力,但法律价值体系当中的理性也同时对社会公共道德起着某种意义上的防御作用,这两者之间的关系是相辅相成的。虽然一个社会的维系离不开道德、宗教、习惯、法律等各种社会规范的共同作用,但在人类的文明发展中,因为法所具有的明确性、普遍性、强制性等特征,它无疑是运用最为普遍,最具有实用性的规范,社会中的各种官方制度都是通过法律来支撑的。因此,各种关于性的制度必须通过法律规则来赋权与禁止,制度的运作必须通过法律规则的实施来实现。[4] 例如,德国联邦宪法法院虽然并不试图去改变“婚姻”的“道德本质”,但同时也声明不会因此“拒绝给予任何非婚姻的结合以任何法律上的承认以及竭尽所能的剥夺对他们的结合而言必要的财政和其他方面的支持”。[5] 国家不应该也不能够对客观存在的同性之间伴侣关系置之不理,如果没有一个明确且恰当的法律环境,那么这种关系就会潜伏着走向失控的可能性。正因为对同性伴侣制度的法律缺失,有学者就提出过同性恋者容易陷入一个两难困境。一方面,同性恋者在现有的法律制度下只能够跟异性结合,这是法律承认的唯一一种婚姻模式,而另一方面,当同性恋者遵守这样的法律规定进入婚姻时,却又要遭受谴责,甚至要为此承担责任;一方面,同性恋者在传统文化的压力下进入传统婚姻,甚至被认为是牺牲自己的偏好来承担社会所认为重要的社会责任;另一方面,社会舆论和法律又在后边等着施加更大的社会压力,说这样做是

---

〔1〕 郑玉双:《婚姻与共同善的法哲学分析——兼论同性婚姻合法化困境》,载《浙江社会科学》2013 年第 5 期。

〔2〕 李忠夏:《同性婚姻的宪法教义学思考》,载《法学评论》2015 年第 6 期。

〔3〕 马平:《同性恋问题的宪法学思考》,法律出版社 2011 年版,第 130 页。

〔4〕 李拥军:《性权利与法律》,科学出版社 2009 年版,第 135 页。

〔5〕 BVerfGE 82,6,15.

欺骗、是侵权。[1]

四、民事伴侣制度的重新评估

需要指出，有学者曾提出应当制定一部《同性恋人权保障法》，[2]但这种提议的一个问题是，且不说同性恋群体究竟是不是一个“想象共同体”，[3]单就如何从司法的阶段判定某个自然人为法律意义上的“同性恋者”就有极大的解释空间。但不同学者所草拟的《同性恋人权保障法》当中关于同性恋者伴侣关系或婚姻关系的部分还是非常值得关注与研究的。

笔者认为对同性伴侣制度的规定就应当以类似契约的方式在民事法律规范中予以确认，对准备长久生活在一起的同性恋伴侣以采取登记伴侣(民事结合)模式予以规范，[4]尤其是要规范同性伴侣之间的财产共有权、继承权、侵权损害赔偿权等相关内容。一方面，婚姻作为一个延续了几千年的社会机制，其变化需要一个过程。在观念上，“同性婚姻难以为大多数人所接受，而尊重相互间达成的分担责任和相互关照的严肃承诺，则要容易得多，而不论做出承诺的当事人是同性还是异性”。[5] 另一方面，无论是婚姻还是家庭都是一个历史范畴，其职能、性质、形式和结构都会随着社会关系的发展不断变化，[6]但这种变化应当为文化的滞后性保留一定的调适空间。

---

〔1〕 郭晓飞：《中国法视野下的同性恋》，知识产权出版社 2007 年版，第 210 页；武秀英：《法理学视野中的权利——关于性、婚姻、生育、家的研究》，山东大学出版社 2005 年版，第 160、161 页。

〔2〕 可参见杨鸿台拟：《中华人民共和国同性恋者人权保障法(草案)》，载 http://www.moon-soft.com/program/bbs/readelite927249.htm，2017 年 10 月 1 日访问；郗长举：《中华人民共和国同性恋者权益保护法草案建议稿》，载《中国性科学》2011 年第 10 期。

〔3〕 有学者就曾指出，对中国同性恋群体的经验的研究工作的重点似乎都在于描绘同性恋社群的整体情况，而这种描绘往往在一定程度上忽视了同性恋这个充满阶级的、年龄的、教育的、城乡的，甚至身体的差异等群体异质性。详见李琪、罗牧原：《公私划分的理论旅行：中国同性婚姻再思考》，载《社会学评论》2016 年第 3 期。

〔4〕 冯浩：《同性恋者的婚姻权》，载《人权研究》(第 10 卷)，山东人民出版社 2011 年版，第 269 页。

〔5〕 [德]M. 克斯特尔：《欧洲同性恋立法动态的比较考察》，邓建中译，载《比较法研究》2004 年第 2 期。

〔6〕 李岩：《论民事结合制度对传统家庭理论的影响》，载《理论界》2006 年第 12 期。

设立同性民事结合制度的优势在于,在社会的大多数群体尚未准备好接受同性婚姻这一观念,但他们已准备好接受尊重任何自由选择的时候,区分同性伴侣关系与异性婚姻关系的立法模式可能是一个明智的选择,因为其在赋予同性伴侣以权利,认可同性伴侣法律地位的同时,尚不至于摧毁传统的婚姻大厦和社会稳定的基石。[1] 这就意味着虽然同性伙伴之间没有获得法律意义上的婚姻,但其在社会意义上的婚姻却没有触犯法律。[2] 面对个人关系的多样化,传统的婚姻家庭法仅提供一种模型以规制成人关系。当事人要么接受,要么不接受,没有第二种选择。民事结合的建立在婚姻家庭法领域为个人生活提供了挑选的余地。[3] 但总体上说,同性结合者的生活方式与异性结合者并没有太大区别,[4]“对于所有的夫妻,关系质量中的相关事物是相似的:对于关系包括高回报、低成本的评价;个性特点如善于表达;伴侣重视安全感、永恒、共同活动和亲密无间;很少认为意见不一致就是有害的;相互高度信任;有较好的解决问题和冲突的技巧;经常共同或平等地做决定;对所感觉到的社会支持非常满意”。[5]

此外,我国《宪法》第 49 条第 1 款规定:“婚姻、家庭、母亲和儿童受国家的保护。”第 49 条第 4 款规定:“禁止破坏婚姻自由”。《婚姻法》第 2 条规定:“实行婚姻自由、一夫一妻、男女平等的婚姻制度。”这意味着虽然宪法中并未明确给出“婚姻”双方的性别界定,但婚姻法却对之进行了一个明确的立法界定,因此如果想要在中国推行同性婚姻制度,可能还涉及宪法解释的问题。[6] 例如,周伟教授就曾指出,同性婚姻如果需要国家的保护,首先需要对宪法平等权作扩张的解释,然后才有可能进入由法律范

---

〔1〕 熊金才:《同性结合法律认可研究》,法律出版社 2010 年版,第 202 页。

〔2〕 郑广淼:《同性婚姻:历史、争论以及合法化》,载《济南大学学报》2009 年第 3 期。

〔3〕 孙建江、吴亚晖:《民事结合制度对传统婚姻家庭制度的冲击》,载《法学》2005 年第 10 期。

〔4〕 马钰凤:《同性结合者家庭权法律保护研究》,西南政法大学 2013 年博士学位论文。

〔5〕 [美]查尔斯·H. 扎斯特罗、卡伦·K. 科斯特 - 阿什漫:《人类行为与社会环境》,师海玲、孙岳等译,中国人民大学出版社 2006 年版,第 678 页。

〔6〕 李忠夏:《同性婚姻的宪法教义学思考》,载《法学评论》2015 年第 6 期。

围调整的讨论视角。[1] 而我们又不得不承认，宪法权利的主要目的，在于防备国家权力的结构性缺陷，而同性结婚的权利并不具有上述特征，它不是在致力于优化个人同国家的政治关系，而是在改变个人同个人的社会关系。[2] 也就是说，从宪法权利的角度去讨论同性婚权确实是存有一定的理论瑕疵，虽然核心问题仍然是如何界定婚姻，但这种价值判断的裁决者或许并不应当是司法者，而是民主立法的职权范围。[3] 不过值得注意的是，恰恰是这种反驳性的论证同时给个人同个人之间的社会契约关系打造了一个可供深入挖掘的空间。

事实上，在丹麦作为第一个颁布单行立法允许同性伴侣结合的国家之后，西方诸多国家陆续颁布相关立法。这些国家在实行同性婚姻合法化之前，多是采用"民事结合""合法合伙""注册伴侣关系"等结合模式。尽管各个国家的用词不同，实际目的都是用以解决无法缔结婚姻的同性伴侣或者不想缔结婚姻的异性伴侣问题。[4] 国内一些学者也基于此提出具体的建议，例如，登记结合者因登记可以向对方请求一定人身性质的权利，如一方不遵守这些义务，对方可请求解除该登记关系，并视情况获得相应赔偿。除另有约定外，双方在登记期间内所得的财产为双方共同所有。在此期间，双方有相互抚养的义务，相互继承遗产的权利，对方遭受人身伤害时的赔偿请求权以及登记关系终止后的抚养请求权。双方共同生活五年后，可共同收养子女。伙伴关系不得自行解除，需向法定部门(如法院)申请并由其予以解除。因同性登记伙伴关系的特殊性，法院一

---

〔1〕 周伟：《国家与婚姻：婚姻自由的宪法之维》，载《河北法学》2006 年第 12 期。需要指出，如果试图把宪法解释作为解决同性婚姻的一种进路的话，宪法解释本身就是一个极其庞大且极富争议的问题，可参见范进学：《论美国同性婚姻案宪法解释及其方法》，载《烟台大学学报》2016 年第 5 期；汪庆华：《司法能动主义视野下的同性婚姻和平等保护》，载《浙江社会科学》2017 年第 1 期。

〔2〕 姜峰：《同性婚姻、宪法权利与民主审议——以罗伯茨大法官的反对意见为中心》，载《法学评论》2015 年第 6 期。

〔3〕 The Kathleen E. Hull, Polotical Limits of Rights Frame: The Case of Same Sex Marriage in Hawaii, *Sociological Perspecitives*, *Vol.* 44, No. 2, 2001, pp. 207 - 232.

〔4〕 陈阳：《传统婚姻的颠覆性危机——关于同性婚姻立法的几点思考》，载《山东社会科学》2013 年第 11 期。

经受理,无须进行实质审查,即应作出解除判决,且不适用调解原则,等等。[1]

五、结语

回到问题的本源,既然承认同性恋只不过是人类性倾向的一种例外,属于性生理的自然现象,把同性恋看作是"一种与异性恋相同的生活方式",同性恋与异性恋一样也被视为"人作为一个性存在"的存在形式,只不过是一种例外的"性存在"形式而已,那么,"人作为一种性存在"的正当性,自然也就包含"人作为一种同性恋的存在"的正当性,同性恋者享有性权利也就是当然的。[2] 现行法律体系当然深谙这一基本逻辑前提,因此对于同性恋群体的法律规制采取模糊性的策略,或许是立法者有意识的选择,通过避免承认他们的存在从而避免应对他们的权利诉求,就是避免他们成为法律中的主体。用这样的视角分析,我们所谓的中国传统的宽容反而成了最大的压迫,因为那种模糊的宽容甚至无从有对话的可能,更谈不上同性恋者在被禁止的状态下身份主体的建构。[3] 那么同性恋者所面临的问题就是,在一系列的追问之后,将法律中的暧昧明晰化是必需的吗?反过来,只依赖现行法律的漏洞、模糊和偶然而进行的同性恋权益运动又有多大力量?在逼官方明确表态之后,同性恋群体是否准备好了去应对官方的沉默,甚至是压制性的结果?[4]

对这种矛盾的解决需要两个方面的共同努力,一方面从立法者的角度来看,对庞大同性恋群体的漠视并不能阻挡同性恋者以各种各样的方式走入法律的网络之中,无论法律是否主动对其进行规制,相应一系列的法律行为判定只会越来越多地呈现到司法裁判者们的面前,"同性婚姻登

---

〔1〕 冯浩:《同性恋者的婚姻权》,载《人权研究》(第10卷),山东人民出版社2011年版,第269~270页。对同性伴侣制度的具体设计还可参见李霞:《论同性婚姻合法化》,载《河北法学》2008年第3期;熊金才:《同性结合法律认可研究》,法律出版社2010年版,第278~287页;马钰凤:《同性结合者家庭权法律保护研究》,西南政法大学2013年博士学位论文。

〔2〕 莫爱新:《民法中的性权利研究》,中国政法大学出版社2011年版,第172、173页。

〔3〕 郭晓飞:《中国法视野下的同性恋》,知识产权出版社2007年版,第122页。

〔4〕 褚宸舸主编:《自由与枷锁——性倾向和同性婚姻的法律问题研究》,清华大学出版社2014年版,第108页。

记第一案”就是这一问题的典型事例。无论是立法者还是司法者都要正视同性恋群体在婚姻家庭方面的权利要求,不能因为是少数人的利益或者是因为其本身要求权利的方式平和,就一味地低调处理,我们的社会应该有相对积极的态度和相应的制度去规范同性结合。〔1〕另一方面,同性恋者没有必要将自己的道德诉求与法律诉求强行糅合,对同性恋的道德评判远非法律这一价值体系能够覆盖,它还需要社会各个阶层、群体的对话。从某种意义上说,即使是所谓的“恐同”观点也有其存在的价值,一个健康的社会本就应该容纳不同甚至针锋相对的声音,无论是“变态”还是“骄傲”,如果完全把与己不同的声音视为洪水猛兽,那么其本身的正当性就值得怀疑。此外虽然同性恋政治在为同性恋提供更宽的接受度和向平等方向迈进等方面赢得广阔地盘,获得累累硕果,但是集体认同的理想却因内部分歧而被击得粉碎。〔2〕同性恋群体这一“想象共同体”本身就缺乏一个有力的利益集合,对同性恋权利的法律诉求远非同性恋自身的利益指向,而与社会其他群体与个人皆存在直接或间接的联系。

无论是哪一方,对同性伴侣制度的正面回应都绝不是“想象中的难题”,同性伴侣制度更需要解决的是如何处理共同生活所面临的问题,以及在共同生活期间所涉及的各类问题出现纠纷时,法律能为之提供必要的保障和解决方式。由于缺乏基本的法律规范,同性共同生活关系处在一种没有根基的状态,相互之间的权利义务关系没有任何法律上的保障,这使得他们既面临共同生活上的需求,又因缺乏法律的规范而难以建立起基本的信任。在这种情况下,很少有人对这种共同生活关系进行太大的投入,结果更多的人维持着一种更为松散的关系,甚至没有建立起任何形式的共同生活关系,从而不得不通过更加混乱的随机性的性机遇来满足基本的生理需求。〔3〕这种潜在的“无序”并不会因刻意的回避而消失,相反唯有正视此种社会存在才能进一步讨论规范性体系的构建。

---

〔1〕 邹小琴:《论同性伴侣婚姻家庭权利的保护》,载《政法论丛》2008 年第 6 期。

〔2〕 [英]塔姆辛·斯巴格:《福柯与酷儿理论》,赵玉兰译,北京大学出版社 2004 年版,第 45 页。

〔3〕 王森波:《同性婚姻法律问题研究》,中国法制出版社 2012 年版,第 157、158 页。

学术专论

PP. 049 - 100

优惠差别待遇或逆向歧视

张玮心*

摘　要:宪法平等原则禁止“差别待遇”,各国法院对于平等权之解释向来坚持实质平等说,其允许国家权力机关具备正当理由,得为差别待遇之作为。从而,涉及平等权争议案件的违宪审查,有无“正当理由”而为优惠差别待遇,即为关键;否则恐有招致“逆向歧视”之危险。然高校教育享有大学自治和国民受义务教育所能主张的权利范围有别,本文以“红丝带学校”为艾滋病考生区隔考场事件、台湾地区警察大学拒绝色盲考生入学案以及美国幼儿园禁止脑瘫儿携犬上学案为例,深入探讨宪法上平等保护之概念意涵。

关键词:平等权;差别待遇;歧视;受教育权;大学自治

一、“红丝带学校”区隔考场之争议

根据2017年6月初的媒体报道,“山西临汾‘红丝带学校’为艾滋病感染者设立独立高考考场, 具划时代

---

* 张玮心,河南科技大学法学院特聘教授,台湾地区“中央警察大学”法学博士,英国、美国法律学双硕士,台湾地区法官学院讲座教授。

的意义”。[1] 未料,此事迅速引发热议,不少网友对此举冠以“歧视”的帽子,更有不少民众对这些学生高考之后的大学生活担忧起来,尚不知哪所大学愿意接纳他们。该校校长郭小平对此回应:“当地很多人熟悉情况,和其他学生一起考试担心引起抗议。在单独考场考试,有助孩子们发挥。”

据《新京报》报道,对于“红丝带学校”设置“单独考场”一事,北京地坛医院感染中心副主任王凌航认为,学校低估了其他学生对于艾滋病感染者考生的接受能力。单独考场反而在客观上营造了一种歧视氛围。艾滋病公益组织负责人白桦也表示了这方面的担忧,他说,如果这些孩子不去“单独考场”考试,有谁会知道他们是感染者呢?白桦说,这几年有不少高中学生感染者参加高考,他们在确诊后即使申请了抗病毒治疗也没有影响参加高考并考取大学,考场安排都是随机分配,其他同学不会知道他们是感染者。[2]

平心而论,倘若理性看待临汾“红丝带学校”的考场事件,其作为中国大陆目前唯一一所艾滋病患者的学校而言,让这些艾滋病学生也能受正常高等教育的理念是良善的,且该校于 2011 年 12 月 1 日正式挂牌成立,学生人数共计 33 人,他们在校的所有费用都由学校无偿提供。只不过“区隔”考试的行为在客观上不免让人质疑是否构成了歧视,然却也忽略了国人对于孩童受教育享有平等权的共识早就超越欧美国家的一般水平——尤其相较于德、法、英、美等国家而言,渠等仍存在对人种肤色的偏见,反观整个中国却是罕见的。

不论如何,上述事件应该分别两个层面探讨:一是社会对待“艾滋病”患者的态度;二是我国法律保障艾滋病患者及其他身心障碍者的受教育权。

(一)“艾滋病”一词含有贬损之意思

由于社会普遍对于“艾滋病”的观感不佳,多数认为感染者都是性行为混乱之人,却忘了还有一些人是无辜遭到母体垂直感染或不净针头所

[1] 《中国首次为艾滋病感染者设独立高考考场引热议》,载 http://www.chinanews.com/sh/2017/06-01/8239403.shtml,2017 年 7 月 1 日访问。

[2] 李丹丹、刘珍妮:《为艾滋考生单设考场“是否歧视”引发争议》,载《新京报》2017 年 6 月 2 日。

感染。社会对于“艾滋病”传染的主要途径有认识,但对于例外感染的情形不甚了解。参见台湾地区“最高法院”认定“艾滋病”一词之意思为:感染人类免疫缺乏病毒,应属于身体机能有碍,而为常人所厌恶之疾病,且为现在医学上不能在可预见之期间内期待其治愈之病症,即为不治之恶疾。又感染艾滋病系常人所厌恶之疾病,如指称他人感染艾滋病或以行为表示,对受指摘者之人格、地位及名誉、尊严之评价显有贬损[1]。故判决要旨强调:被告甲于2008年3月24日,在南投县某餐厅内,在多数人得以共见共闻之情况下,对告诉人乙指摘“你怎么这么瘦,你是不是得艾滋病,很多得艾滋病的都像你这么瘦”等语,依社会一般大众之感情观之,已足使乙感到难堪,并足以贬损乙之声誉及人格,依上述说明观之,自属侮辱告诉人乙之言语甚明。遂被告所为,系犯台湾地区“刑法”第309条第1项之公然侮辱罪[2]。

按台湾地区“刑法”第309条公然侮辱罪之立法意旨,所谓侮辱者,乃谩骂嘲弄或其他轻蔑他人人格之行为,且须出于侮辱之故意,而具有妨害他人名誉之危险,始足当之;亦即行为人须出于主观侮辱他人之犯意,以言语、文字或操作表示不屑、轻蔑或攻击其人格之意思,而足以对于个人在社会上所保持之人格及地位,在客观上也已达到贬损其名誉及尊严评价之程度。换言之,所谓侮辱,乃对他人为轻蔑表示之行为,其内涵须具有足使他人在精神上、心理上有感受到难堪或不快之虞者,亦即侮辱行为本身须具有侵害他人情感、名誉之一般危险者;至于是否符合侮辱之判断,仍应顾及行为人之年龄、受教育程度、职业及与被害人之关系等事实。[3]

(二)保障艾滋病考生的受教育权

接下来讨论受教育权问题。首先,中国在有关残疾孩童享有公平受教育权的理念是进步的,更何况中华民族远自周朝就重视文化教育,到了孔子的时代,他进一步提倡扩大教育对象,以培养贤才官吏,增强国家实力。从而,在教育问题上,“有教无类”的思想不论贵族或平民,不分国界

---

[1] 台湾地区“最高法院”1996年台上字第127号民事判决。

[2] 台湾地区“南投地方法院”2008年易字第603号刑事判决。

[3] 台湾地区“高等法院高雄分院”2006年上易字第794号刑事判决。

与华夷,人人皆可入学受教。孔子弟子三千来自鲁、齐、晋、宋、陈、蔡、秦、楚等不同国度,这不仅打破了当时的国界,也打破了当时的夷夏之分。“有教无类”的实施,扩大了教育的社会基础和人才来源,对于全体社会成员素质的提高起到了积极的推动作用。因此,受教育的平等权在中国教育发展史上是根深蒂固的。即便是现代社会,特别是20世纪后,教育成为全体公民的需要和共享的权利,教育的全民性和普及性显得更为鲜明充分。

故而在法律方面,《宪法》第32条规定,“中华人民共和国公民在法律面前一律平等”。《宪法》第46条规定,“中华人民共和国公民有受教育的权利和义务。国家培养青年、少年、儿童在品德、智力、体质等方面全面发展”。此外,《未成年人保护法》第3条后段强调“未成年人享有受教育权,国家、社会、学校和家庭尊重和保障未成年人的受教育权。未成年人不分性别、民族、种族、家庭财产状况、宗教信仰等,依法平等地享有权利”。《未成年人保护法》第18条规定,“学校应当尊重未成年学生受教育的权利,关心、爱护学生,对品行有缺点、学习有困难的学生,应当耐心教育、帮助,不得歧视,不得违反法律和国家规定开除未成年学生”。第63条规定,“学校、幼儿园、托儿所侵害未成年人合法权益的,由教育行政部门或者其他有关部门责令改正;情节严重的,对直接负责的主管人员和其他直接责任人员依法给予处分”。此外,《教育法》也规定“中华人民共和国公民有受教育的权利和义务”,并补充规定“国家扶持和发展残疾人教育事业”。第37条规定,“受教育者在入学、升学、就业等方面依法享有平等权利”。第38条规定,“国家、社会、学校及其他教育机构应当根据残疾人身心特性和需要实施教育,并为其提供帮助和便利”。上述条文规定不仅重申了中国对于孩童受教育权的重视,而且反对歧视残疾人受教育的权利。

在中国台湾地区特别制定“人类免疫缺乏病毒传染防治及感染者权益保障条例”,以防止人类免疫缺乏病毒之感染、传染及维护国民健康,并保障感染者的权益之目的。该条例第3条所称“人类免疫缺乏病毒感染者”(以下简称感染者),指受该病毒感染之后天免疫缺乏症候群患者及感染病毒而未发病者。该条例第4条申明,“感染者之人格与合法权益应受尊重及保障,不得予以歧视,拒绝其就学、就医、就业、赡养、居住或予其他不公平之待遇”。以台湾地区某军事学校歧视案件为例,一名学生感染艾滋病后,遭校方以品德问题退学。据悉,2012 年该名学生感染艾滋病后,校方禁止他参加游泳考试,更要求其独立清洗个人衣物及餐盘。校方最终于 2013 年,在该名学生毕业前夕,以"私带计算机入营、资安稽查时态度不佳"为由,连续记过并勒令退学。台湾地区"卫生福利部"认定该案为就学歧视,与校方进行调解两年未有定案,"卫生福利部"下属的"疾病管制署"(以下简称"疾管署")于是决定对该校处罚新台币 100 万(约合人民币 20 万元),这也是台湾地区首度针对就学歧视开罚。根据台湾地区"疾管署"统计,过去台湾仅开罚五件艾滋病歧视案,其中 3 件为就业歧视,2 件为就医歧视,均罚款 30 万元新台币。

二、受教育权于宪法上的界线

1948 年联合国世界人权宣言(Universal Declaration of Human Rights)第 26 条确认了每个人的教育权(right to education)、揭示教育的目标在于充分发展人格,加强对人权及基本自由的尊重。1990 年世界全民教育会议(World Conference on Education for All)再度确认了所有人不分个体差异均享有受教育的权利。1993 年"联合国障碍人士均等机会原则"敦促各国确保障碍人士之教育应为整体教育体系不可欠缺之一环。而联合国《残疾人权利公约》更于 2008 年 8 月 31 日起在中国正式生效,并适用于香港特别行政区。这意味着我国必须采取一切适当的立法、行政和其他措施,实践公约内容,保障残疾人士的权利。参照中国台湾地区的"教育基本法"第 2 条第 2 项关于教育目的之规定以及第 3 条之规定,亦直接承认学生的自我实现权。按国民之其他自由及权利,不妨害社会秩序公共利益者,均受宪法保障。因而,公民享有受教育之权利,为宪法所保障。公民受宪法保障之受教育权利,不仅包括列举受义务教育之权利,尚包括宪法例示保护之受中等教育、受高等教育及受特殊教育等广泛受教育之权利,否则失聪、失智者、高中生、高职生、专科生、大学生、研究生其受教育之权利就会落空。

然而,公民受教育之权利,依其宪法规范基础之不同,尚且区分为"受国民教育之权利"与"受国民教育以外教育之权利",两者的权利范围并非相同。前者各国普遍指小学到高中的教育,旨在使人民得请求国家提供以国民教育为内容之给付,国家亦有履行该项给付之义务。至于受国民教育以外教育之权利，如大学本科、研究所、硕博士课程、在职培训或其他成人进修课程等教育，此类鉴于教育资源有限，所保障者系以学生在校接受教育之权利不受国家恣意限制或剥夺为主要内容，并不包括赋予人民请求给予入学许可、提供特定教育给付之权利。是国民教育学校以外之各级各类学校在其自治办学之权限内，得自行制定学生的入学资格条件，并在该校招生简章上明定排除资格不符之考生入学就读，例如，护理科专业学校排除精神障碍者就读，空军专科学校排除弱视之考生就读，这些不能视为侵犯了该考生受宪法保障之受教育权。除非相关入学资格条件违反宪法赋予人民在法律上一律平等暨国民受教育之机会一律平等之规定，而有不当限制或剥夺人民受教育之公平机会，否则即不产生抵触宪法之问题。以下就国民义务教育和部分高校教育，可能引致侵犯学生受教育的几种宪法上权利进行分析：[1]

（一）违反人性尊严

维护人性尊严与尊重人格自由发展，乃自由民主宪政秩序之核心价值。人性尊严是不可侵犯的，一切国家公权力均有义务尊重及保护人性的尊严。人性尊严是属于个人生命及自由发展人格不可或缺之权利。对于就读大学一般普通科系的入学资格而言，无任何理由可任凭国家为烙印（Brandmarkung）、侮辱（Erniedrigung）、蔑视处置（Verachtliche Behandlung）之行政作为，倘若仅因学生生理缺陷而不予录取者，或校内涉及歧视性之限制规定者，将会与宪法维护人性尊严及基本人权，包括：平等权、受研究所教育权、学习自由权及学生自我实现权之规定有所抵触。[2] 由此所指违反宪法对人民基本权利保障之规定，盖因人民为教育权之主体，人民无分性别、年龄、能力、地域、族群、宗教信仰、政治理念、社经地位及其他条件，接受教育之机会一律平等。“教育权”乃系社会权，亦即广义受益权的一环。不过，教育权有广、狭定义：狭义的教育权，专指人民受教育的权利；广义的教育权，及于人民在教育事务上的权利。

（二）违反法律保留原则

关于人民之权利、义务者或其他重要事项之应以法律定之者，是人民

---

〔1〕 台湾地区“司法院”释字第626号解释文附件（郑同学释宪声请书）。

〔2〕 台湾地区“司法院”释字第588号解释。

受宪法保障之自由及权利,依宪法之规定,仅得以法律限制之。倘涉及剥夺或限制人民生命、身体以外之自由权利等重大事项,如以法律授权主管机关发布命令为补充规定时,其授权应符合具体明确之原则。例如,研究生系研究所教学研究之参与者,而非被支配者,系学校教育之当事人,传统之特别权力关系应予摆脱,在落实学生之受研究所教育权、学习权及自我实现权范围,研究生应享有其基本权利。尤其当足以剥夺学生受教育权及学习自由权之处分,更应以法律明定其事由、范围与效力,如以法律授权主管机关发布命令为补充规定时,其授权应符合具体明确之原则;不得仅以行政命令或各校之招生委员会决议即予剥夺,此乃法律保留原则之基本要求。

又例如,我国台湾地区某高校明文规定或明确授权对于学生修读英语硕士学位必须于入学前、修业期间或取得硕士学位之各项考核,强制实施或通过体格检查为一般硕士班入学及取得硕士学位之不可或缺要件,纵然可能符合形式阻却违宪事由之检验,唯我国台湾地区"大学法""学位授予法"并无明文规定入学资格须经体格检查,不仅难以认定符合明确性原则,更难通过实质阻却违宪事由(比例原则与审查密度理论)之检验。倘若以体格检查剥夺修读英语硕士学位之规定,非属修读该硕士学位不可或缺之要素,依"大学法"整体解释也无法推知有意授权或明确授权。退一步而言,即使认为有明确授权,也违背了委任不得转委任(再授权)之规定,显然架空法律保留原则。大学自治受宪法保障,非谓任何事项全然由各大学随意自行决定,而无法律之规范。大学自治制度性保障如以践踏人性尊严为手段,其与基本权相竞合冲突时,即失其正当性,应加以限缩。

(三)违反比例原则

诚然,行政行为符合宪法所要求之目的正当性、手段必要性、限制妥当性者,即未背离比例原则。换言之,行政机关行使公权力对人民基本权利之限制,不仅目的必须具有正当合理性,而且该限制必须能达到行政机关预定之目的,该限制方法必须是所有手段中对人民权益侵害最小之方法,以及对人民所造成之限制或侵害必须小于所欲达到之目的。倘若行政机关行使公权力之行为未具备前述要件,其行政行为即因违反比例原则而违宪。[1] 例

〔1〕 台湾地区"司法院"释字第476号解释。

如,某电影艺术高校的招生简章订定体格检查项目,以报考人之身高须达160厘米以上、体重80公斤以内为由,去限制报考电影研究所人数之规定者,其目的之正当性显有疑义。况且身高与DNA遗传性相关,属客观条件限制,而招生简章之设限规定,无疑剥夺就读研究所硕士班的机会且戕害人性尊严,对基本权之干预强度极为强烈,就比例原则(实质合宪性)检验操作应采“强烈审查内容”(严格审查标准),作为违宪审查标准。[1]

查台湾地区公务人员考试体格检查标准规定,[2]应考人体格检查,有下列疾患之一者,为体格检查不合格:(1)患有法定传染病未经治愈且须强制隔离治疗者;(2)患有严重精神疾患,不能处理日常事务,或有明显伤害他人或自己之虞,或有伤害行为者;(3)矫正后视力未达0.1;(4)其他严重疾患,致不堪胜任工作者。换言之,既有其他方法足以达成其提升研究生素质及学术地位之崇高目的,却优先采以体格检查项目为手段,其目的不具合宪性,手段与目的之间更无任何合理关联之合宪性,显然违反比例原则,当然对于人民基本权利有所侵害。[3]

(四)违反平等原则

“教育基本法”的规定是以人民为教育权之主体。教育之目的以培养人民健全人格、民主素养、法治观念、人文涵养、强健体魄及思考判断与创造能力,并促进其对基本人权之尊重、生态环境之保护及对不同国家、族群、性别、宗教、文化之了解与关怀,使其成为具有国家意识与国际视野之现代化国民。为实现前项教育目的,国家、教育机构、教师、父母应负协助之责任。从而,我国国民无分性别、年龄、能力、地域、族群、宗教信仰、政治理念、社会地位及其他条件,接受教育之机会一律平等。对于少数民族、身心障碍者及其他弱势族群之教育,应考虑其自主性及特殊性,依法令予以特别保障,并扶助其发展。学生之学习权及受教育权,国家给予保障。再者,平等原则源自宪法,亦称禁止差别待遇原则,意指行政权的行使,不论在实体上或程序上,相同事件应为相同处理,非有合理的正当理由,不得为差别待遇。

---

〔1〕 台湾地区“司法院”释字第584号解释。

〔2〕 参见台湾地区“公务人员特种考试应考须知”第9点体格检查规定:本考试应考人于第一试笔录录取通知送达十四日内,应经试务机关指定之医疗机构办理体格检查。

〔3〕 李建良:《大学自治与法治国家》,载《月旦法学杂志》2002年第101期。

三、美国埃兹拉埃比小学拒绝脑瘫儿携犬上学案

揆诸各国对于受教育者曾经历的歧视问题发现,可能遭到学校排斥的对象不限感染艾滋病孩童,还有罹患其他疾病或肢体残障的学生。固然宪法上开宗明义阐释了平等权,然而各级学校在理解关于平等就学相关法律规定的意涵上,往往出现差距,故而偶见学生家长不满学校内规定而出现争执或衍生司法诉讼事件。以下援引美国联邦最高法院在2017年公示最新近的一起脑瘫儿就学歧视案判决结果说明。

本案事实经过大致如下:上诉人埃琳娜·弗赖伊(Ehlena Fry)是一名脑性麻痹(Cerebral Palsy)患者,因为病情严重而缺乏自理能力。在埃琳娜6岁的时候,她的父母斯泰茜(Stacy)和布伦特·弗赖伊(Brent Fry)(原告)遵循医生的建议,利用一只训练有素的服务犬来协助埃琳娜的日常生活起居。这只狗的名字叫"Wonder"(以下简称神奇犬),通过它去帮助埃琳娜处理日常生活中的各种事情,例如,捡起掉落的物品、开门、关灯,在埃琳娜使用拐杖时帮助她保持平衡、帮助她脱掉外套等,尽可能帮助埃琳娜独立生活。[1]

但是,当弗赖伊夫妇替埃琳娜申请学龄孩童入学时,埃兹拉埃比(Ezra Eby)学校的相关人员拒绝了这一项请求。依据现行的《残疾人教育法》(The Individuals with Disabilities Education Act; IDEA)下面的一项个别化教育计划(Individualized Education Program; IEP),学校应为埃琳娜提供一名人工助理并给予一对一的全天候帮助。学校的相关人员认为,人工助理的辅助使得服务犬"神奇犬"的存在成为多余,"神奇犬"应该被禁止进入学校。因为埃琳娜所有的需求,学校都会通过已经承诺的服务、计划以及设施来满足她。虽然后来学校曾短暂地允许"神奇犬"陪着埃琳娜去学校,但即便如此,"神奇犬"在上课的时候会被要求待在教室的后方,并且被禁止帮助埃琳娜从事活动。

学校行政人员再次通知弗赖伊夫妇说,"神奇犬"在校是不受欢迎的。不得已下,弗赖伊夫妇只好将埃琳娜从埃兹拉埃比小学转学,并开始对埃

---

[1] Fry Et Vir, As Next Friends Of Minor E. F. *v.* Napoleon Community Schools Et AL., No. 15-497 (2017).

琳娜实施在家学习教育。这段期间里,弗赖伊夫妇向美国教育部民权办公厅(Department of Education's Office for Civil Rights; OCR)提出了投诉,指控埃兹拉埃比小学不准允埃琳娜使用服务犬,侵犯了她享有美国残疾人法第二章(Title II of the Americans with Disabilities Act; ADA)和康复法案中第504项(§504 of the Rehabilitation Act)的权利。经过调查,教育部民权办公厅同意了弗赖伊夫妇的观点,该办公室在其决定书中解释:学校于相关法律规定下的义务诚然超出了其能提供给埃琳娜教育服务的能力,况且学校本应向残疾儿童提供免费的公共教育(Free Appropriate Public Education; FAPE),但它仍然违反了法律禁止歧视的规定。教育部民权办公厅发现,埃兹拉埃比小学确实违反了这一禁令,即使该校提供一名人工助手去满足免费的公共教育(FAPE)的标准。教育部民权办公厅仍将学校的行为模拟为"要求一位使用轮椅的学生"改由一位助手或"要求盲人学生改由一名老师引导",而不是允许他使用导盲犬或拐杖。换言之,埃兹拉埃比小学的政策实质上不符合免费公共教育的要求,他们通过对残疾儿童的歧视,进而违反了美国残疾人法第二章(Title II of the ADA)和康复法案中第504项(§504 of the Rehabilitation Act)的规定。

为响应教育部民权办公厅的裁决,学校行政官员最终同意埃琳娜可以带着"神奇犬"到学校陪同上课。但在与该校的校长会面后,弗赖伊夫妇还是担心学校的管理人员厌恶埃琳娜,而可能使她回到学校后的学习更加困难。因此,弗赖伊夫妇在其他学区找到了另一所公立学校,在那里,管理者和教师们都热情地接受了埃琳娜和她的那只帮手"神奇犬"。

随后,弗赖伊夫妇将埃兹拉埃比小学和该校校长列为共同被告,向该校司法辖区内的联邦法院提起诉讼。诉状指称,埃兹拉埃比小学否定了埃琳娜在该校中应获得的平等就学对待,其拒绝了埃琳娜对服务犬的合理使用,并且歧视埃琳娜这一类的残疾孩童,违反了美国残疾人法第二章和康复法案中第504项之规定。根据诉状,埃琳娜因歧视而受到包括"尴尬、情绪低落、精神痛苦"等在内的精神伤害。弗赖伊夫妇在诉状书中声明,学校违反了前述的法律规定,要求该校对于埃琳娜所遭受的歧视负起侵权损害赔偿责任。

美国联邦地方法院核准了埃兹拉埃比小学请求驳回原告诉状的动议,该校于答辩书中主张:美国《残疾人教育法》(IDEA)第1415(1)条规定要求弗赖伊夫妇必须先穷尽相关的行政救济程序,方能向法院提起诉讼,法院认为有理由,遂驳回原告之诉。弗赖伊夫妇不服,提起上诉。美国联邦第六巡回上诉审法院受理审查该案,但和原审的立场相同,上诉审法院的见解亦认为,美国《残疾人教育法》第1415(1)条规定,只要"诉讼中涉及的伤害起源于或呈现出"违反行为在本质上属于"教育性质"的,那么当事人穷尽行政救济程序是必要的。所以,美国第六巡回上诉审法院判决驳回,即弗赖伊夫妇的诉讼不能继续进行,因为对埃琳娜的伤害具"教育性质",其应先向该校的上级主管机关申诉才符合程序。弗赖伊夫妇再上诉美国联邦最高法院。

最后,美国联邦最高法院核准了移审令,受理审查本案。联邦最高法院认为,原告诉讼的根本不在于学校违反免费公共教育的规定,而是该校歧视孩童的政策作为,让小孩受到伤害,请求该校给付金钱损害赔偿。从而,本案是侵权行为诉讼案件,无关有否穷尽《残疾人教育法》(IDEA)的行政程序,因为那是没必要的,争点不在于学校拒绝孩童入学。最后,美国联邦最高法院撤销联邦上诉审法院的裁判,并命该案发回重新审判。

不同于上述国民义务教育之权利主张,高校教育基于大学自治管理的理念,不论公私立学校均得于相当程度下自行订定校规以及招生办法。是以,国民义务教育和大学教育有别,关于高校之入学资格究为歧视性之规定,或属各大学之自治范畴,应依各校之办学特色、性质等因素,详加检视后方能论断。此处所说的大学自治之事项,乃学术自由之事项,包含研究自由、教学自由及学习自由等事项而言,除法律别有明文规定者外,应任诸大学自由决定,在此自由决定之自治范围内,并无法律保留原则之适用。易言之,大学法指明自治权之行使,不得与法律之规定相违背,殊不能解为须经法律授权,始有自治范围。又教学自由之范畴为大学自治之事项,属教学自由本质上之需求所生之当然结果,基于保障教学自由之本旨,仍应任由大学自治,不能反以学生有受教育权或学习权之存在,而认在此范围内有法律保留原则之适用,致失宪法对于大学自治设为制度性保障之规范价值。以下援引我国台湾地区"中央警察大学"法律学院招生简章上因明定"体格检查"作为入学资格而引发宪法上的争议分析。

四、台湾地区警察大学拒绝色盲考生入学案

本案申请人郑同学,参加台湾地区警察大学2002年研究所硕士班(法律学研究所硕士班)入学考试,经初试录取后,校方通知声请人于2002年8月5日参加复试。复试包括口试及体格检查,口试通过后,再经该校医务室检查结果为两眼绿色盲,判定体检不合格,不予录取。申请人不服,经提起申诉、诉愿、行政诉讼均遭驳回确定在案。亦即穷尽行政救济手段后,郑同学遂以该校歧视考生的生理缺陷作为入学条件,侵害其人性尊严且剥夺人民受法律学研究所教育权、学习自由权及自我实现权为由,认为有违宪之虞,转向"司法院"声请解释"宪法"。以下简介因本案而作成的解释。

(一)警察大学抗辩[1]

警察大学则以系争规定属大学自治范围为由回应。

1. 该校2002学年度研究所硕士班入学招生简章乃依据"教育部"颁布之大学办理硕士班博士班招生审核作业要点、"内政部"用人机关之年度需求暨该校研究所硕、博士班招生作业办法制定,简章草案经被上诉人招生委员会核定后,即分别报请"教育部"及"内政部"备查在案。招生名额亦依"内政部"用人需要,经"内政部"核准后报"教育部"核备。是上开招生简章制定及内容均系依据法令制定,符合大学自治范围,且经主管监督之"内政部"及"教育部"备查在案,并无任何违法之处。

2. 依该校招生简章第8点第2款规定"以本校之检查为准,事后不得办理复检。其至公立医院复检证明者概不受理"。体格检查结果系以2002年8月5日郑同学之检查结果为准。在报请"内政部"核定后,该校即依一定之程序办理口试与体检作业。复检当日郑同学检查结果为色盲,但因仍在复试期日内,为求慎重并避免错判,经征询上诉人同意前往长庚纪念医院办理复检,并于当天体检结束前将长庚纪念医院开立之诊断证明书检送该校之医务室,并供郑同学参考。既郑同学同意至长庚纪念医院检查并以其结果作为判断依据,该校之行为并无瑕疵可言。

3. 该校因其警政教育之特殊目的及性质,就录取资格为体格之限制,

[1] 台湾地区"司法院"释字第626号解释。

属大学自治之范围，被上诉人有决定招收标准之权利，况且该标准亦已经“教育部”及“内政部”核准备查在案。该校依法订定入学之体格标准，并无不合。

（二）“大法官意见”〔1〕

“大法官会议”审查本案后，作成以下解释，一并宣告了国民义务教育以外之教育享有自治的权限范围。其要旨如下。

1.“宪法”规定人民在法律上一律平等；又规定了国民受教育之机会，一律平等。旨在确保人民享有接受各阶段教育之公平机会。“中央警察大学”2002 学年度研究所硕士班入学考试招生简章第 7 点第 2 款及第 8 点第 2 款，以有无色盲决定能否取得入学资格之规定，系为培养理论与实务兼备之警察专门人才，并求教育资源之有效运用，借以提升警政之素质，促进法治国家之发展，其欲达成之目的属重要公共利益；因警察工作之范围广泛、内容繁杂，职务常须轮调，随时可能发生判断颜色之需要，色盲者因此确有不适合担任警察之正当理由，是上开招生简章之规定与其目的间尚非无实质关联，与“宪法”第 7 条及第 159 条规定并无抵触。

2.大学自治为宪法上讲学自由之保障范围，大学对于教学、研究与学习之事项，享有自治权，其自治事项范围除内部组织、课程设计、研究内容、学力评鉴、考试规则及毕业条件等外，亦包括入学资格在内〔2〕，俾大学得借以筛选学生，维系学校质量，提升竞争力，并发展特色，实现教育理念。大学对于入学资格既享有自治权，自得以其自治规章，于合理及必要之范围内，订定相关入学资格条件，不生违反“宪法”第 23 条法律保留原则之问题。警察大学系“内政部”为达成研究高深警察学术、培养警察专门人才之双重任务而设立之大学隶属“内政部”，负责警察之养成教育，并与警政水平之提升与社会治安之维持，息息相关。其虽因组织及任务上之特殊性，而与一般大学未尽相同，然“研究高深警察学术”既属其设校宗旨，就涉及警察学术之教学、研究与学习之事项，包括入学资格条件，警察大学即仍得享有一定程度之自治权。是警察大学就入学资格条件事项，明定以“体格检查及格”为录取条件，既未逾越自治范围，即难指摘与法律

〔1〕 台湾地区“司法院”释字第 626 号解释。
〔2〕 台湾地区“司法院”释字第 380 号、第 450 号及第 563 号解释。

保留原则有违。

简言之,警察大学因兼负培养警察专门人才与研究高深警察学术之双重任务,期其学生毕业后均能投入警界,为社会治安投注心力,并在警察工作中运用所学,将理论与实务结合;若学生入学接受警察教育,却未能胜任警察、治安等实务工作,将与该校设校宗旨不符。为求上开设校宗旨之达成及教育资源之有效运用,乃以无色盲为入学条件之一,预先排除不适合担任警察之人。是项目的之达成,有助于警政素质之提升,并使社会治安、人权保障、警察形象及执法威信得以维持或改善,进而促进法治国家之发展,自属重要公共利益。因警察工作之范围广泛、内容繁杂,职务常须轮调,随时可能发生判断颜色之需要,色盲者因此确有不适合担任警察之正当理由。是系争招生简章规定排除色盲者之入学资格,集中有限教育资源于培育适合担任警察之学生,自难谓与其所欲达成之目的间欠缺实质关联。

五、平等保护的违宪审查

当"歧视"被诉诸法律时,将不可避免引动宪法保障人民享有平等权的违宪性审查。美国宪法修正案第 14 条平等保护之条款,适用严格审查(strict scrutiny),该条款旨在强调,要非受侵害一方为被保护(protected)或嫌疑类别(suspect class)之成员,而致其基本权受到不公平待遇者。[1] 反之,当政府之行为措施没有涉及嫌疑类别,且手段目的之于国家利益属合理相关者,应以允许。[2] 大多数情形下,法院采取合理基础审查基准(mere rationality review),推定系争政府行为合宪;而只有在涉及根本之基本权侵害(fundamental rights)或嫌疑类别(suspect classes)之差别待遇等情形,始有较严格审查(intermediate or heightened scrutiny)之余地,从而认定系争政府之行为违宪。[3] 美国第六巡回上诉审法院判决重申:美国联邦最高法院所肯认之嫌疑类别极为有限,原告提出之分类倘无以连结

---

〔1〕 City of Cleburne v. Cleburne Living Center, 473 U. S. 432, 439 - 40 (1985).

〔2〕 Fields *v.* Palmdale Sch. Dist., 427 F. 3d 1197, 1208 (9th Cir. 2005).

〔3〕 汤德宗:《违宪审查基准体系建构初探—"阶层式比例原则"构想》,载廖福特主编:《宪法解释之理论与实务》(第6辑·下册),中央研究院法律学研究所筹备处2009年版,第30页。

嫌疑类别者，其将适用合理基础审查(rational-basis review)的分析方法[1]。

(一)平等保护的条款

平等保护条款旨在保护特定的人民团体不受歧视，但也非所有歧视的案件都违宪。回顾美国司法裁判史上有关平等保护的争讼案例，早期如1856年的斯科特诉桑福德(Scott *v.* Sandford)案，原告德雷德·斯特特(Dred Scott)和家人为奴隶，从雇主那里脱逃后向联邦最高法院提起请求确认自由人身份之诉。美国联邦最高法院认为该案争点在于，一名黑人，他的祖先被以奴隶身份进口至美国贩卖，纵尔后成为美国政治社群的一员，其是否具资格拥有美国宪法所保障的各项权利？大法官托尼(Taney)于意见书中表示：非裔美国人不论在美国宪法或人权法案上，皆未被赋予对抗联邦或州政府的诉讼权利。[2] 简言之，基于种族的理由，斯科特Scott不具诉讼资格。

种族是可疑分类(suspect classifications)中最为明显的构成因素。对此，美国联邦最高法院认为应先以判断原告所属的群体是否符合下面的描述[3]：(1)一个被分离与隔绝的少数(a discrete and insular minority)；(2)具有不可改变的特征(with an immutable characteristics)；(3)以及经历过一段遭受歧视的历史(and a history of suffering discrimination)。受到差别待遇的团体具有嫌疑分类(suspect class)的资格，那么法院就会考虑系争的法律为给予某群体不同待遇而将其独立成嫌疑类别。此所谓一个被分离与隔绝的少数(a discrete and insular minority)，意指社会视某群体为部分相同的群体。举例，亚裔美国人会被认为是一个被分离与隔绝的少数，因美国社会认为亚裔美国人的长相外观和他们很类似，即便种族、文化传统的差异颇巨。反之，白人便非被分离或隔绝的少数，此反映出白人在美国社会属于多数族群的地位。

不可改变的特征(with an immutable characteristics)，系指不能被改变、或至少不易改变的特征。例如，亚裔美国人的长相外观并非是选择后

---

[1] Doe *v.* Michigan Department of State Police, 490 F. 3d 491 (6th Cir. 2007).

[2] Scott *v.* Sandford, 60 U. S. 393 (1856).

[3] McAlinn, Gerald Paul et al., *An Introduction to American Law*, Carolina Academic Press, 2010, p. 103.

的结果,而是他们与生俱来如此。对照下,医生或律师等专业人士的职业受到欢迎,因为他们拥有的资格非不可改变。至少理论上,每个人都可以进大学或研究所去增进未来就业的条件。而所有因素中,“经历过一段遭受歧视的历史”可能是最重要的。在什么情况下,一个特定群体会受到社会不平等的差别对待?假若歧视的理由正因为其长相、能力,以及该群体中所为之角色者,法院通常会愿意保护他们免于遭受一项未加考虑此事实的法律。

“嫌疑类别”所指对象为何?其中,种族的少数,可以确认。换言之,涉及种族差别待遇的群体分类,会受到法院严格审查。果尔,以宗教信仰或原国籍作为分类的亦须受到严格审查。而严格审查标准要问的是:(1)美国联邦或州政府有否迫切利益必须差别对待此分类?(2)系争法律是否为达到前述利益确经仔细考虑(narrowly-tailored),而没有不平等对待嫌疑分类的成员或侵害其应享之权利?

值得注意的是,美国联邦最高法院认为牵涉妇女或非婚生子女的法律不受严格审查,而应接受“较严格”或谓“中级”(heightened or intermediate scrutiny)标准的审查,即法院须检验法律是否与政府的利益实质相关。例如,1982 年密西西比好大学诉霍根(Mississippi University for Women *v.* Hogan)案,美国联邦最高法院判决宣告受州政府补助的 MUW 女子护理大学拒绝招收男学生的规定违宪。大法官奥康纳(O' Connor)在意见书中表示:如果系争法律的目的是为排除或保护一种性别,因为他们被推定与生俱来不利的条件或天生能力较差者,该目的本身就不合法。倘若州政府的目的合法且重要,我们接下来必须检验目的和手段之间的实质关系。[1]

对于妇女的歧视,系争法律很难通过三个部分的检验。毫无疑问地,妇女在美国曾有过一段遭受歧视的历史,她们甚至到了 1920 年美国宪法增修条文第 19 条通过后才有投票权,而这是在非裔美国人都享有该项权利的 50 年后才发生。她们的性别当然是不可改变的特征,尽管变性手术的可能存在。有疑问的是妇女是否属于被分离与隔绝的少数?事实上,妇女从来都不是少数,严格而言,她们应算是美国社会的多数。再者,即

---

〔1〕 Mississippi University for Women *v.* Hogan, 458 U. S. 718 (1982).

便她们是少数群体，她们也从未曾被从社会中分离。[1]

又假设法律未涉及嫌疑类别或有差别对待妇女或非婚生子女之事实者，法院会采用合理基础审查标准，检验政府是否具备制定该法律的充分理由。如果结果肯定，那么系争的法律得以继续存在。奇怪的是，低收入户因不属受保护的类别，而不采较严格的审查标准。换言之，以富人为主而涉及歧视穷人的法律，法院采用的是合理基础审查标准。纵使大量证据显示正好相反，美国联邦最高法院仍认为贫穷在美国并非属不可改变的特性。惟当个人遭受差别待遇而有基本权受侵害之虞者，系争法律将会引动严格审查标准。

固然平等保护条款明定于宪法修正案第 14 条而是用于各州，美国联邦最高法院曾判决申明：考虑平等保护条款为美国宪法修正案第 5 条保障人民享有正当程序的部分概念意涵，该条款当亦适用于联邦政府。[2] 退一步言，大部分的人权法案内容通过美国宪法修正案第 14 条的正当程序条款而适用于各州；而联邦政府则是经由美国宪法修正案第 5 条正当程序条款。果尔，大部分人民争取权利的案件，不论是控诉联邦或州政府的行为措施，上述权利条款一律被公平适用。

美国在 20 世纪 60 年代兴起一连串的民权及社会运动，民主党的美国总统林登·贝恩斯·约翰逊（Lyndon Baines Johnson）顺势推行各项福利法案、民权法案、消灭贫穷法案和减税法。其中"优惠差别待遇"（affirmative action），为鼓励大学在招生、政府招标等情况下优先照顾少数民族、女性等弱势群体。从字面上理解，优惠性差别待遇，其实就是一项正面、积极、扶持的行动措施。联邦和州政府通过此项计划推动平等机会，目的在防止雇主对于"肤色、宗教、性别或种族"申请人给予差别待遇。例如，美国劳工部提供的扶持行动包括宣传活动、招聘员工和管理的发展，以及员工资助计划。[3] 此项措施原在于支持帮助少数及弱势族群，

---

[1] McAlinn, Gerald Paul et al., *An Introduction to American Law*, Carolina Academic Press, 2010, p. 104.

[2] McAlinn, Gerald Paul et al., *An Introduction to American Law*, Carolina Academic Press, 2010, p. 105.

[3] U. S. Department of Labor, http://www.dol.gov/ofccp/, visited on Jun. 08, 2017.

而进一步推动是为确保公共机构所服务的人群也能获得平等机会，比如大学、医院和军队的扶持行动。然而扶持行动所采取的一些政策却引发若干争议，例如，大学入学的性别、种族配额，亦曾遭批评为逆向歧视（Reverse Discrimination）的一种形式。[1]

（二）优惠差别待遇

2003年格鲁特尔诉博林杰（Grutter *v.* Bollinger）案是最具代表性的案例，密歇根大学一名白人学生 Barbara Grutter 因申请入学密歇根大学法律系遭拒，1997年12月状告学校当局，歧视白人学生。学校入学的政策清楚指出，即便是最高分数亦非自动保障入学许可，当然也没有自动被拒绝入学的低标分数。校方的入学政策要求考虑学生入学的许可，应检核学生考试分数以外能达成法律系教育目标的条件。声请人格鲁特尔（Grutter）申请法律系入学的分数分别为3.8学业平均成绩，以及161分的法律入学考试（LSAT）。正当法律程序条款要求州政府不得因种族而剥夺其管辖区中任何人此项权利，因此，政府所有攸关种族分类的法令措施必须受到严格审查。系争法律要能通过合宪审查，其采取之种族分类必须能被证明具有迫切性的政府利益且经仔细研议后才制定之事实。美国联邦最高法院认为密歇根大学法律系的入学政策，乃是本于多元族群入学的考虑，况且该系入学的标准并未设定任何单一变量，其迫切达成的理由是为达成多元学生就学的教育体制，符合"扶持行动"的意义目的，爰裁判密歇根大学法律系的入学规定合宪。[2]

然而，"优惠性差别待遇"是否真能消弭歧视，用以纠正历史上明显歧视的缺点，众说纷纭，意见呈现对立。[3] 反对者认为：保障少数及弱势族群等同变相使他们拥有特权及优惠待遇，从而优惠可能直接导致这些族群退化的消极影响，形成一种倒向的歧视。比方说高等教育的入学申请，一名白人学生可能在考试分数上高于另一名黑人学生，而黑人学生被录取而白人学生却遭到拒绝，格鲁特尔（Grutter）案供参。平权运动是否会

---

〔1〕 The New York Times, http://topics. nytimes. com/top/reference/timestopics/subjects/a/affirmative_action/index. html; visited on Dec. 08, 2014.

〔2〕 Grutter *v.* Bollinger, 539 U. S. 306 (2003).

〔3〕 McAlinn, Gerald Paul et al., *An Introduction to American Law*, Carolina Academic Press, 2010, p. 104.

矫枉过正,造成一种对白人的“逆向歧视”的疑虑似乎未见歇息。以密歇根大学招收新生的入学总体评分为例,申请者 SAT 的成绩,满分占 18 点,而少数族裔学生的优惠分就占 20 点。如此,一名非常用功的白人学生,在 SAT 考试中即便得到满分 1600 分,在其他条件相同的情况下,他的总分仍可能低于一个 SAT 成绩 800 分的少数族裔学生。有论者批评优惠性差别待遇的推行,使美国教育正从一个极端走向另一个极端,有的科系的申请,甚至到了不是少数族裔就不能申请入学的情形。优惠差别待遇或许在某些方面过了头,加州大学是首先在 1995 年正式停止实施优惠少数族裔和妇女的入学政策。不论如何,主事当局仍握有掌控权,任何相关规定的研拟可以在调整符合社会的观感后制定施行,倾斜单面的批评似乎未尽合理,毕竟平权法案的长期目标在以创造一个公平、没有歧视的法制社会。人人平等的理想要能实现,还是得经得起就业、教育、生活等多方面范畴的考验。

六、结论

本文从我国自古重视教育的根深理念切入,强调教育作为有时于外观上可能引发“歧视”的争议或诉讼事件,实应具体了解后再行论断为宜。紧接着论证了宪法保障国民受教育的平等权利,唯教育尚且区分义务教育与义务教育以外的教育(如高校教育);前者乃广设之基础性教育,后者属资源有限的专业教育,从而学生于主张受教育的范围是有差异。就国民义务教育而言,学校不得另行订定入学资格去限制学龄孩童就读;反之,高校教育因资源有限而被授权自为治理,且能依该校办学的特色订定入学资格。

为防止人类免疫缺乏病毒之感染、传染及维护国民健康,并保障感染者权益,台湾地区特别制定“人类免疫缺乏病毒传染防治及感染者权益保障条例”。该条例第 3 条所称“人类免疫缺乏病毒感染者”,指受该病毒感染之后天免疫缺乏症候群患者及感染病毒而未发病者。该条例第 4 条规定,感染者之人格与合法权益应受尊重及保障,不得予以歧视,拒绝其就学、就医、就业、赡养、居住或予其他不公平之待遇,相关权益保障办法,由“中央主管机关”会商“中央”各目的事业主管机关订定之。“中央主管机关”对感染者所从事之工作,为避免其传染于人,得予必要之执业执行规范。非经感染者同意,不得对其录音、录像或摄影。该条例第 7 条规定,主管机关应办理人类免疫缺乏病毒之防治教育及倡导。“中央”各目的事业主管机关应明订年度教育及倡导计划;其内容应具有性别意识,并着重反歧视倡导,并由机关、学校、团体及大众传播媒体协助推行。故而,台湾地区一所军事学校拒绝感染艾滋病毒的学生就学,遭到行政裁罚。

另外,台湾地区警察大学法律学研究所一案,鉴于色盲非属人力所得控制之生理缺陷,且此一差别对待涉及平等接受教育之机会,为“宪法”明文保障之事项,而教育对于个人日后工作之选择、生涯之规划及人格之健全发展影响深远,甚至与社会地位及国家资源之分配息息相关,系争规定自应受较为严格之审查。故系争招生简章之规定是否违反平等权之保障,应视其所欲达成之目的是否属重要公共利益,且所采取分类标准及差别待遇之手段与目的之达成是否具有实质关联而定。“宪法”平等原则禁止“差别待遇”,对于平等原则之解释一向坚持实质平等说,允许国家权力机关于有正当理由时,得为差别待遇。因此,平等权案件的审查,有无正当理由而为差别待遇,乃为关键。而“正当理由”的认定,又与法院所持审查基准之宽严密切相关。至于检验法规范有否符合平等原则应采取二元审查架构,即审查规范是否符合平等权保障之要求,其判断应取决于该法规范所以为差别待遇之目的是否合宪,其所采取之分类与规范目的之达成之间,是否存有一定程度之关联性而定。在此框架下,差别待遇手段与规范目的之间如何达成关联算是“一定程度之关联”,端视采取何种审查基准(低标、中标或高标)而有不同,并非一成不变。[1] 纵使警察大学案争议仍存有不少反对者之声音,核与大学法及大学法施行细则之相关规定无违。该校以警政人员肩负行使公权力以打击犯罪、维护治安之特殊工作性质,乃于招生简章中有特定之体格检查设限标准,规定身高、体重、视力、血压未达到一定标准或辨色力有色盲之情形等,为体检不及格,属该校为拔擢优秀警察人才所设,并未逾越大学自治范畴。[2]

优惠差别待遇的措施多样,举凡保障少数民族一定人数的录取名额,以使偏远地区考生能至城市受高校教育,或给予考试加分等项目,此乃教

〔1〕 台湾地区“司法院”释字第 696 号解释。
〔2〕 台湾地区“司法院”释字第 380 号解释。

育的政策性规定,对于促进多元文化的融合、缩减城乡教育距离起了正向作用,故通常被认属大学自治范围,并不抵触宪法。本文开篇提及的“红丝带学校”为艾滋病感染者设立独立高考考场,并非拒绝渠等考生就读高校,虽说隔离考试的做法遭人质疑“歧视”,尚不足以能拉升至宪法位阶探讨,除非这些学生能主张学校非善意下区隔考场行为使之受到歧视伤害,方有引动侵权行为责任之虞,如本文中埃琳娜案。否则,红丝带学校无实质违反考生受教育的平等权。

瑞典消除就业性别歧视立法与实施机制研究

何　霞*

摘　要：瑞典是世界上性别平等程度最高的国家之一。它通过反歧视法律的实施及育儿假等制度的推行和福利体系的完善，促使国家和雇主承担消除歧视的积极义务，有效地改变了社会性别分工和性别结构，创造了两性平等的文化传统。而这样的社会结构又推动瑞典成为一个更加公正民主的国家。

关键词：就业性别歧视；积极措施；育儿假

各国在消除就业性别歧视上，大致采取了两种路径。一种是非歧视路径（non-discrimination approach），这种路径以性别平等作为个人的基本人权，强调国家与雇主的消极不侵害义务。个体权利在受到侵害后以诉讼为中心的方式来获得救济，法院是主要的实施者。另一种路径是积极行动路径（proactive approach），它鼓励国家主动干预，施加给国家和雇主积极义务。这种路径的践行主要通过国家行政机构的资源分配、福利体系和

* 何霞，西南财经大学法学院副教授，四川省妇女发展与权益保障研究中心执行主任。

政策措施。积极行动路径更依赖于执政者的政治意愿和政策,而性别平等作为基本人权的根基保障了执政者的更迭不会影响该项目标的实现。[1]

绝大多数国家同时采行了两种路径,但因为各国的政治经济现状的不同,对两种路径的平衡存在不同的选择。例如奉行自由主义的国家对政府积极干预的限制较大,对其司法审查也更为严格。而福利国家则更倾向于积极行动路径,并通过社会保障、财政等方面的配套措施予以支撑。

性别平等是瑞典社会的基石之一,瑞典性别平等政策的目标是要确保女性和男性在生活的各个方面都享有同样的机会,拥有同样的权利,承担同样的义务。瑞典也是世界上性别平等程度最高的国家之一,它强调男女平等分享权力和影响力能够带来一个更加公正民主的社会,一个完善的福利体系更便于两性在他们的工作与家庭生活之间找到平衡点。作为一个具有代表性的福利国家,瑞典注重通过自上而下的行动计划、社会福利保障、促进男性积极参与家庭生活等方式来消除就业性别歧视,并且改变性别歧视存在的社会结构基础——基于性别的社会分工,从而构建性别平等的家庭和社会环境。而建立在基本人权基础上的非歧视立法的发展则是深受欧盟法和欧美其他国家的立法影响。

一、瑞典性别平等概况与性别平等进展的里程碑事件

(一)瑞典性别平等概况

瑞典在20世纪初期落后贫困,生育率极低,每年只有8500人出生。到二次世界大战之前,移民到国外的人数达到100万人,并且失业率极高。为了解决就业问题,政治家提出已婚妇女不要参加工作,要承担家庭责任生儿育女,法律明文规定已婚妇女就业应被解雇。同许多国家一样,妇女就业从第二次世界大战开始发生变化。虽然瑞典没有直接参战,但瑞典的青年男性到他国参战,使就业的性别格局戏剧性发生了改变,妇女包括已婚女性开始大量就业,介入曾经被视为男性的工作领域。法律原

---

〔1〕 See Sandra Fredman, "Changing The Norm: Positive Duties in Equal Treatment Legislation", 12 *Maastricht Journal of European and Comparative Law* 369, 2005, p. 369.

有的规定到1938年被取消。“二战”后,对妇女的就业问题展开了大规模的公众讨论。对妇女就业的影响,除了固有的偏见、教育程度外,妇女所承担的照顾家庭成员职责成为妇女市场就业的重大阻碍。1950～1960年,妇女问题讨论演变成性别讨论,人们发现妇女角色与男性角色是相辅相成的,要改变妇女角色也需相应改变男性角色。女性要参与社会工作,男性就需要承担相应的家庭责任。于是公共政策沿着两条思路进行调整,一条思路是鼓励妇女就业,将妇女的一部分家庭责任转移给政府,政府通过税收转移为公共服务的方式建立收费低廉服务优质的托儿所,从而保障并积极鼓励已婚妇女从事有酬就业。另外一条思路是将妇女家庭责任转移一部分给男性,让男性共同承担家庭责任,改变性别分工。父母育儿假的法定化便是这一政策的具体体现。[1]

经过半个世纪的法律政策的实施,瑞典的性别平等状况和社会的性别平等意识居世界前列。据世界经济论坛2015年《全球性别差距报告》,瑞典的性别平等状况列全球第四名。榜单的前4名均为北欧国家,分别为冰岛、挪威、芬兰、瑞典。《全球性别差距报告》是一份展示男女间在经济地位、学习机会、政治参与及健康卫生四个范畴中的差距的报告。调查在全球145个国家中进行,报告由世界经济论坛于2006年在瑞士首次发表,其后每年发表一次。

在经济参与和机会方面,瑞典的劳动参与率男性为83%,女性为79%,女性参与率是男性的94%。相同工作的工资差距(wage equality for similar work),女性是男性的70%。总体收入水平(estimated earned income),女性男性是1∶1。公司管理层的性别比例为女性为男性的59%。专业人士和技术工人(professional and technical workers)的性别比例女性是男性的1.08倍。在教育方面,女性与男性的识字率为1∶1;小学教育登记入学率各为99%,性别比为1∶1;中等教育登记入学率女性为94%,男性为95%,性别比为0.99∶1;高等教育注册登记率女性为79%,男性为51%,性别比为1.56∶1。在健康卫生方面,出生的男女性别比为1.06∶1。在政治参与率上,议会中的女性占到议员比例的44%,男性为

[1] 李慧英:《性别平等是一种生活方式——瑞典考察见闻》,载李慧英、刘澄主编:《社会性别与公共政策之二》,中国社会科学出版社2014年版,第433页。

56%;部长比例,女性为52%,男性为48%,女性是男性的1.09倍。[1]

瑞典在提交给人权委员会的报告以及在政府的官方网站中声称,瑞典有一个女权主义的政府,两性平等贯穿于所有政府政策。[2]

(二)瑞典的性别平等进展的里程碑事件

13世纪50年代,国王比耶·亚尔(Birger Jarl)通过反对暴力对待女性的法律,禁止强奸和诱拐女性。1845年,实施男女平等的遗产继承权制度。1921年,女性获得投票权和竞选公职的权利。1965年瑞典通过反对婚内强奸的法律。1972年瑞典废除配偶联合税,实行分别税率。这样的税率设置,鼓励夫妻双方参与到有偿劳动中。1974年瑞典成为世界上第一个规定父母育儿假的国家。1975年新堕胎法生效。1998年颁布实施《禁止暴力伤害女性法》。1999年《禁止购买性服务法》生效。2002年育儿假增加到480天,父母各自享受不可转让的两个月假。2005年打击性犯罪的新立法进一步加强每个个体性完整和性自决的绝对权利。2009年《反歧视法》取代七部各自独立的反歧视法规。2011年性骚扰成为违法行为。2012年瑞典统计局以性别平等目标指数的形式发布性别统计数据。[3]

二、瑞典现行反就业性别歧视立法框架

瑞典的反歧视立法由国际公约、宪法、反歧视专门法以及其他国内法组成。

(一)国际公约

瑞典签署并批准的国际公约和区域性公约,对瑞典反性别歧视立法的推进有着重要的影响。瑞典签署并批准了《公民权利与政治权利国际公约》《经济、社会、文化国际公约》《消除对妇女一切形式歧视公约》,以及国际劳工组织的相关公约。在区域层面,瑞典签署和批准的《欧洲人权

---

〔1〕 World Economic Forum, "Global Gender Gape Report 2015", http://reports.weforum.org/global-gender-gap-report-2015/economies/#economy = SWE,2016年8月28日访问。

〔2〕 人权理事会第二十九届会议议程项目《普遍定期审议普遍定期审议工作组的报告(瑞典)》。

〔3〕 参见 http://facts.sweden.cn/society/gender-equality-in-sweden/,2017年6月30日访问。

公约》,以及欧盟的相关法律如《同工同酬指令》《平等工作机会指令》,有力地推动了瑞典反性别歧视法的发展,尤其是以个人权利为中心的非歧视路径的立法发展。

瑞典就国际公约采取了二元方针:公约经批准后,不会自动成为国家法律的一部分。为便于法院和行政当局的直接使用,必须通过转换和整合,将国际法承诺纳入瑞典法律中。转换是瑞典最经常采用的方法。瑞典在批准一项人权公约前,将对瑞典法律进行深入审查,调查是否需要对法律作出任何修正,使之与公约条款相一致。新的法规在起草时,其行文也必须避免与公约发生冲突。此外,在瑞典一系列宪法法律或其他法规中,也直接载明了各项具体权利和原则。

(二)宪法

瑞典为不成文宪法国家,《政府组织法》《王位继承法》《出版自由法》和《表达自由的基本法》是享有宪法地位的根本法。宪法规定瑞典实行君主立宪制,国王是国家元首和武装部队统帅,国王的最年长子女是法定王位继承人。国王作为国家象征仅履行代表性或礼仪性职责,不能干预议会和政府工作。议会为一院制,是国家唯一的立法机构,由普选产生。政府是国家最高行政机构,对议会负责。《政府组织法》里明确地规定了公共机构负有义务消除性别等情形的歧视。但该法的规定仅有纵向效力,不能直接适用于平等的私主体间。[1]

(三)反歧视专门立法

瑞典于1991年颁布了《男女平等机会法》(SFS 1991:433),该法于2000年进行修改(SFS 2000:773)。2008年制定,2009年实施的统一的《歧视法案》取代并废止了《男女平等机会法》。

《歧视法案》整合了过去分散的反歧视立法,禁止基于性别、跨性别的身份认同或性别表达、种族、宗教或其他信仰、残障、性倾向和年龄的歧视,并且将禁止歧视的调整范围扩展至职业、教育、商业、组织成员身份获得、货物、服务和住房、医疗保健和社会服务、社会保障、兵役和替代役等

---

〔1〕 Alexandra Timmer and Linda Senden,"A comparative analysis of gender equality law in Europe 2015", http://ec. europa. eu/justice/gender-equality/files/your_rights/comparative_analysis_of_gender_equality_law_in_europe-2015. pdf,2017年6月30日访问。

诸多领域。

《歧视法案》对多重歧视予以特别关注。法规合并的一个结果是促进了建立统一的保护,不论歧视理由和社会阶层。另一个结果是便利对受害者的补救,尤其是如果涉及超过一种类型的歧视行为。

(四)其他法律

劳动与社会保障领域里反就业性别歧视的立法包括:《雇佣保护法》《工作场所共同决定法》《工会代表法》《工作小时法》《工作环境法》《年假法》和《育儿假法》。

根据宪法中《政府组织法》的规定,属于民法调整范围的涉及私人主体权利的立法应当由议会以法律的形式规定,任何地方政府在此领域都不具有立法权。

三、瑞典反就业性别歧视立法的具体规定

(一)禁止就业性别歧视

《歧视法案》禁止雇主基于性别对雇员在雇用机会和工作条件上进行歧视。该法案对性别、雇主、劳动者、就业都进行了界定。

1. 就业性别歧视的界定和法定种类

《歧视法案》将《男女平等机会法》中基于性别的直接歧视、间接歧视、骚扰的概念加以整合和纳入,形成了基于性别、跨性别认同或表达、种族、宗教或其他信仰、性倾向或者年龄的统一的歧视概念。《歧视法案》在第一章第5条第1项中将性别界定为男性或女性,同时将性倾向、跨性别认同、性别表达与性别并列,作为禁止歧视的独立事由。

《歧视法案》将歧视分为五类,下面我们从性别的角度来对法条的规定进行阐释。

直接歧视是指某人因其性别,在类似情形下受到的待遇比他人受到的、曾经受到的或可能受到的待遇不利而处于劣势。间接歧视是指某种看似中立的规定、标准或程序,使特定性别的人处于特定的劣势,除非此种规定、标准或程序具有合法的目的且所使用的方式对于达成该目的是适当和必要的,否则构成间接歧视。骚扰是基于他人的性别而损害其尊严的行为。性骚扰是损害人的性尊严的与性欲有关的行为。歧视指令是指向处于从属或依附地位或者致力于执行其给予任务的人发出以上述四

种方式歧视某人的命令或指示。

同时，法案还将报复行为界定为歧视。在该法案中，报复行为特指针对告发雇主违反该法案的行为，参加该法案所规定的调查、或拒绝或屈从于来自雇主的骚扰或性骚扰的员工、求职者、申请培训者的不利对待。

对就业歧视所涉及的劳动者的范围，《歧视法案》将其定义于雇员、咨询或申请工作的人、申请或接受培训的人以及作为临时工或借用工等可从事工作或正在从事工作的人。法案将雇主界定为，除了雇主本人外，有权代表雇主作出与雇用相关决定的人也等同于雇主。就业的范围涵盖了给予求职者面试机会或者在雇佣过程中做出其他决策、决定晋升或提供晋升培训、职业培训、其他培训或职业咨询、支付劳动报酬或其他福利、管理和分配工作或者解除劳动关系等方面。

2. 合理的区别对待

《歧视法案》第二章也规定了就业歧视的例外，即下面四种情况都不属于歧视行为：

(1)基于与歧视理由之一相关的特性的区别对待，当在雇用、晋升或教育或晋升培训方面做出决定时，由于工作的性质或从事工作的环境，该特性构成了真实的具有决定性的有合法目的的职业要求，并且该要求对于实现此目的是适当的和必要的；

(2)除报酬或其他雇佣事项以外的，有助于促进男女平等的措施；

(3)在个人合同或集体协议中就退休金、遗属抚恤金或病残津贴做出年龄限制；

(4)基于年龄的区别对待，只要此种区别对待具有合法目的且所使用的方式对于实现该目的是适当和必要的。[1]

(二)实现同等价值工作相同报酬(Equal pay for work of equal value)

在工资报酬上的性别差距，是很多国家面临的问题，也是反就业性别歧视的一个重要领域。2008 年的瑞典《歧视法案》没有单独明确地禁止工资歧视，而是在禁止工作条件的歧视中加以涵盖。并且在该法案的第三章积极措施中规定，雇主应当致力于男女平等和防止男女员工在报酬

---

〔1〕 刘小楠：《瑞典反歧视法律制度及其新发展》，载刘小楠主编：《反歧视评论》(第3辑)，法律出版社 2016 年版，第3页。

和其他雇用事项上的差别待遇。

对于基于性别的薪酬歧视,瑞典法院在判决中形成了对同等价值工作的评估标准,并被《歧视法案》采用。《歧视法案》对于等值同酬作出解释,即根据对工作的要求和性质进行评估,如果该工作与其他工作具有同等价值,则该工作就应当与其他工作获得同等报酬。对工作价值的评估应当考虑工作所要求的知识和技能、责任和需付出的努力等标准。

同时《歧视法案》施加给雇主积极义务,要求其分性别进行信息公开以及主动制定性别平等计划来消除歧视,并对其实施情况进行监督管理。为了发现、纠正和防止在报酬和工作其他方面不公平的性别差异,《歧视法案》要求雇主每三年对在雇主单位内所使用的关于报酬和工作其他方面的规定和实践,以及从事应被视为相同或具有同等价值工作的男女员工的报酬差异进行调查和分析,并评估所存在的报酬差异与性别是否直接相关或间接相关。《歧视法案》也要求雇主每三年应当制订一份实现平等报酬的行动计划(制订同工同酬行动计划的义务不适用于在最近一年年初雇佣少于25名员工的雇主)。该计划应当包括上述的调查和分析结果的报告。计划应当写明薪酬调整和其他为实现同工同酬和同值同酬需要采取的措施。计划中应当包括成本估算和基于执行薪酬调整目标的尽快的最长不超过三年的时间计划。在下一个行动计划中应当包括所计划的措施执行情况的报告和评估。雇主应当向通过集体协议约定的雇员组织提供必要的信息,以使得该组织可以在调查、分析和制定同酬行动计划中进行配合。对此,有学者和非营利性组织提出批评意见,认为《歧视法案》的上述规定弱化了原来的积极义务,在此之前,是要求雇用10人以上的雇主必须制订一年期的性别平等计划。[1]

对于基于工资报酬的就业歧视,没有任何法律规定了正当化的抗辩理由。但是瑞典法院审理的一系列案件中,显示出对雇主用“市场原因”来作为在报酬上差别对待的抗辩理由的较大宽容度。如在2001年第13号案件中,法院经过了从所需知识、技术、责任、需付出的努力等方面的评

---

〔1〕 Susanne Burri and Hanneke van Eijken (2014), “Gender Equality Law in 33 European Countries: How are EU rules transposed into national law?” European Commission Directorate-General for Justice, http://www. equalitylaw. eu/downloads/2789-general-report-gender-2014,2016年8月28日访问。

估,认定医院里助产士和技术人员的工作具有相等的价值。而助产士绝大多数由女性构成,医院里的技术人员则相反。因此,法院认定构成了一个表面证据的就业性别歧视案件。但是雇主提出,工资的高低是由市场决定的,而非雇主的意愿,在市场上技术人员的工资就高于助产士的工资,如雇主不采用相应的工资标准,就不能招募到合适的技术人员。法院采纳了雇主方提出的"市场决定"的抗辩理由。劳动法院2001年的76号案件,针对护士与医院技术人员等值工作不同酬的案件,法院同样采纳了雇主提出的市场原因的理由来认定不构成歧视。[1]

(三)育儿假(parental leave)

瑞典的育儿假制定对家庭文化的改变,促使男性共担家庭职责、促进性别平等有着深远的影响。男女共同照顾幼儿、分担家务劳动挑战着通过交换价值来将生活和工作分裂的价值观,提醒着人类不至于走得太远而忘了为什么会出发。

瑞典的假期政策主要包括孕期假期、带薪育儿假、临时育儿假等;关于假期的规定,涉及是否有权休假的权利,以及休假期间的工资。瑞典的社会保障法1955年规定工作女性享有3个月带薪产假。1974年,瑞典规定了育儿假,依据当时的法律规定,育儿假保险能够保障每对夫妇生育每个小孩都享有6个月的带薪假期,其中父母可各休3个月,但是父亲可以将他的育儿假转移给母亲。因此在此之后的20年中,90%的育儿假是仍然是由母亲来休假,这也意味着照顾孩子的义务仍然绝大多数由母亲来承担。

1995年瑞典出台《育儿假法》,根据修订后的法律规定,育儿假为480天,父母各享有240天。其中父亲专享的30日的育儿休假不得转让,如果父亲放弃这30日的专享假期,这对夫妇将失去这一个月的休假和津贴。2002年法律修订将父母独自享有不能转让的假期延长到2个月。2016年《育儿假法》修改,规定父母各有3个月的专享育儿休假,其他时间可以选择由父亲或者母亲来休,经一方签署同意书后可以让渡给另一

[1] Susanne Burri and Hanneke van Eijken (2014), "Gender Equality Law in 33 European Countries: How are EU rules transposed into national law?" European Commission Directorate-General for Justice, http://www.equalitylaw.eu/downloads/2789-general-report-gender-2014,2016年8月28日访问。

方。其中,母亲专享的14周的产假也包含在这母亲享有的育儿假中。法律的修订、两性共同参与家庭生活的意识倡导对瑞典社会生活方式产生了影响,根据2016年瑞典统计局的数据显示,480天育儿假中的26%是父亲们在休假。[1]

符合带薪休假条件的父母,他们各自享有195天的带薪假期,另外45天将享受固定的津贴。根据瑞典《社会保险法典》,分别享有的195天带薪休假期间的津贴是休假前收入的77.6%,和病假期间的工资相同,上限为每年445,000瑞典克朗(约合339,513元人民币),余下的45天则享有每天180瑞典克朗(约合235元人民币)的固定补贴。津贴由社保基金统一支付,雇主有义务为每位员工缴纳该项社保。那些不符合带薪休假资格的父母在480天的休假里,每天享有250瑞典克朗(约合190元人民币)最低工资保障的育儿假津贴。带薪休假的资格为,父母在预产期前或者是领养孩子之前,应工作240天以上,且日收入超过250瑞典克朗(约合190元人民币)。如果自雇员工(self-employed)收入到达该水平,并且缴纳了该项社保,可以同样享受这195天的带薪休假。因为带薪假有上限,因此企业依据集体谈判形成的集体合同给予员工额外的育儿假津贴构成了员工育儿假期间收入的非常重要的组成部分。[2]

另外,法律激励父亲和母亲更加公平地分配育儿假,以促进性别平等,还专门设置了性别平等奖金。如果父母们除了专享的90天假期外,在各自剩余的105天带薪假期间,每休一天育儿假,将收到50瑞典克朗(约合38元人民币)免税奖金。如果每位父母全部享有了各自的带薪育儿假,则可以获得最高10,500瑞典克朗(约合8010元人民币)的免税奖金。

为更好地协助与促进国民平衡工作和家庭生活,育儿假的规定具有

---

[1] Statistics Sweden,"Women and Men in Sweden: Facts and Figures 2016",https://www.scb.se/Statistik/_Publikationer/LE0201_2015B16_BR_X10BR1601ENG.pdf,2017年6月30日访问。对此,在瑞典的非营利性组织"Sweden Women's Lobby"向CEDAW委员会提交的影子报告中提出,为了让男性更多地参与家庭生活,建立和孩子的联系,应当让育儿假的规定更加个体化。

[2] Duvander, A.-Z., Haas, L., and Hwang, P. (2016) "Sweden country note", in: Koslowski A., Blum S. and Moss P. (eds.) International Review of Leave Policies and Research 2016, http://www.leavenetwork.org/lp_and_r_reports/,2016年8月28日访问。

弹性。依据法律规定,自2014年1月1日后出生的孩子,带薪或最低收入补贴的育儿假都可以在孩子12周岁前用完,但只有96天在孩子4岁以后可用。在此之前出生的孩子,父母可以在孩子8岁以前或者在其一年级结束前用尽育儿假。并且,育儿假的时长是以日而非周或者月来计算以增强其使用的弹性。育儿假可以休全天、休半天、休1/4天或者1/8天来累积计算。例如,可以在八小时工作中每天减少工作一小时,作为1/8的休假。为人父母的雇员可以连续休假也可以分成几个阶段休假,最多一年可分成三个阶段休假。在孩子未满一岁以前,父母可同时休最多30天的带薪休假。照顾孩子的休假,不仅是在孩子出生后的两年里,还包括了孩子平时生病时,所以育儿假法规定,父母享有每年每个孩子最多60天的生病照顾休假时间,期间享有临时的每月3000瑞典克朗(2288元人民币)的照顾津贴。[1]

(四)积极措施

《歧视法案》第三章是关于在工作和教育领域的积极措施。该法案将雇主与雇员定位于合作关系,需共同创造工作中的平等权利和平等机会。政府和雇主作为资源分配者,也是最有能力防治歧视的主体,法律为其规定了积极的义务。除了上述在等值工作同等报酬方面的积极义务外,雇主还应该:

1. 在工作条件方面,雇主应当在其资源和环境所能及的范围内实施措施,以保证工作条件适合于所有性别、种族、宗教或其他信仰的雇员。雇主应当帮助女性和男性员工平衡工作和父母责任。雇主应当采取措施以预防和阻止雇员遭受与性别、种族、宗教或其他信仰有关的骚扰或报复,或者性骚扰。

2. 在招聘方面,雇主有义务积极促进性别均衡,雇主应通过教育和培训、培养技能和其他适当的方式促进男女在不同种类的工作和不同员工类别中的平等分配。当工作单位的某一种类的工作或某一员工类别中的男女比例差异较大时,雇主应当在招聘新员工时作出特别的努力以吸引

---

〔1〕 Susanne Burri and Hanneke van Eijken, *Gender Equality Law in 33 European Countries: How are EU rules transposed into national law?* European Commission Directorate-General for Justice, http://www.equalitylaw.eu/downloads/2789-general-report-gender-2014, 2016年8月28日访问。

人数较少的性别的申请者。雇主还应当努力保证人数较少性别的员工比例逐渐增加。但是,如果存在特殊原因而不采取此种措施,或者在雇主的资源和其他环境所能及的范围内不能合理地要求采取此种措施则可以免除雇主在促进性别均衡方面采取积极措施的义务。

3. 制订性别平等计划。

《歧视法案》第三章还要求在最近一年年初雇用25名员工以上的雇主每三年制订性别平等工作计划。计划应包括上述有关工作条件、招聘需要的措施概述以及对雇主在来年将要开始或实施的措施的说明。该计划还应包括同工同酬的行动计划的概述,包括行动计划和纠正时间表,对没有理由的不同工同酬现象必须解释。在接下来一年的计划中应当包括第一段所述计划实施情况的说明。

四、瑞典消除就业性别歧视的实施机制

(一)平等监察专员办公室的实施

平等监察专员办公室(Diskrimineringsombudsmannen)依据《歧视法案》和《平等监察专员法案》于2009年成立,由原有的四个监察专员办公室[1]合并而成,其中包括了专门对性别歧视进行监督的平等机会监察专员办公室(Jämställdhetsombudsmannen, JämO)。它的依法设立,为其独立性提供了保障,因为如果要撤销或改变该机构,必须改变立法。平等监察专员办公室是一个政府机构,主要负责监督《歧视法案》的执行情况,旨在消除歧视和保护每个人的平等权利和机会。通过政策倡导、调查、起诉、提供信息等方式来履行其职责,并且积极和政府其他部门、非营利性组织进行合作。它的职责包括了监督反歧视立法的执行;调查关于歧视的申诉;采取针对歧视的法律行动;培训、分析、报告以促进平等;建议、咨询、提供信息(每周5天,每天5小时的咨询);提出法律修正案及建议。该机构还负责确保有关育儿假的法律得到执行,保障父母们不会因为休育儿假而在工作上受到负面影响。平等监察专员办公室受理的性别歧视案件大多涉及产假、同工同酬、也有性骚扰。

---

[1] 这四个办公室分别为平等机会监察专员(针对性别平等)、种族歧视监察专员、残疾人权益监察专员和性取向歧视监察专员。

平等监察专员办公室除了监督法案是否得以遵守执行外，还可以在受害者同意后决定代理其向法院提起反歧视法诉讼。代理案件主要是考虑该案是否对法律的实施具有普遍意义的影响。非营利性组织在得到个人的授权后，也可以代表其向法院提起诉讼。但非营利性组织和平等监察专员办公室的代表权是排在工会之后的。

平等监察专员办公室可以通过罚款，指导雇主采取积极措施，促进性别平等。当雇主没有遵守《歧视法案》中规定的积极措施义务时，平等监察专员办公室有权设立一个特别的反歧视委员会来针对指控进行调查，并对其科以罚款。[1]

（二）性别平等事务大臣与性别平等主流化的推进

性别平等大臣是设置于瑞典中央政府的行政官职，是实施性别平等主流化的重要推动者。她所领导的机构不直接从事反就业歧视的工作，但是从政策的制定、实施、评估监测，财政资源的分配，宣传教育等方面来推动性别平等的实现，为消除性别歧视创造坚实的基础，并且通过自上而下公共政策的制定和实施减少以个人权利为中心的非歧视路径带来的劳动者与雇主间的冲突。

1976 年瑞典就已设有性别平等事务大臣（Minister for Gender Equality），但未设立独立的性别平等部，大臣兼任其他部首长。1982 年性别平等处成立，随性别平等大臣其他职位而移动至就业部、卫社部、文化部、农业部、司法部。1994～1995 年一度随副总理移到总理办公室。2007～2010 年设立融合与性别平等部（The Ministry of Integration and Gender Equality）。2010 年该部解散，性别平等处移往教育与研究部，由副部长兼任性别平等大臣。2014 年 10 月新政府上任后，性别平等大臣的全称是儿童、老人与性别平等大臣（Minister for Children, the Elderly and Gender Equality），性别平等处设于卫生社会事务部（Ministry of Health and Social Affairs）。但每个部里都有专门的机构负责性别平等主流化的推进。[2]

---

〔1〕 瑞典对外交流委员会：《性别平等：瑞典实现公平的方法》，https://sweden.se/wp-content/uploads/2013/11/Gender-equality-Chinese-low-resolution.pdf，2016 年 8 月 28 日访问。

〔2〕 黄淑玲：《全球典范!? 瑞典性别主流化实施模式》，载《公共治理季刊》2014 年第 6 期。

(三)司法救济

认为自己遭受歧视的个人也可以不向平等监察专员投诉而直接到法院起诉。或者虽经平等监察专员调解,投诉人和被投诉人无法达成和解,投诉人也可以依《歧视法案》向法院起诉。

值得注意的是,工会组织在反歧视诉讼中的重要地位。瑞典的工会参会率非常高,达到85%以上,根据瑞典法律规定,工会是代表员工处理反歧视争议案件的第一权利人。对于劳动者的投诉,工会或平等监察专员办公室应第一步和雇主协商,协商不成,它们可以代劳动者向劳动法庭起诉。劳动者或求职者也可以直接向地方法庭提起诉讼。但是,他们只能向地方法庭起诉,而不能直接向劳动法庭起诉,如果对于地方法庭的判决不服,可以再向劳动法庭上诉。劳动法庭的判决具有最终效力,对劳动法庭的判决不能再提起上诉请求,而只能向最高法庭申请复议。劳动法庭的判决具有判例作用,它们能够影响未来类似案件的司法解释。[1]

(四)非营利组织的积极参与

瑞典通过通信、教育、合作和知识传播,改善了社会一系列利益攸关者之间权利与机会的平等,以及反对歧视方面的工作前景。为增进地方工作和反歧视努力的持续性,自2013年以来,瑞典政府每年筹措1200万瑞典克朗,用于反歧视活动。

瑞典政府在财政预算中,每年固定地予以非政府组织资金支持。在我们对瑞典非政府组织的访谈中了解到,由于民主政治的深入,政府无法通过资金来控制或影响非政府组织的行为。非政府组织通过对议员、政党的影响,通过积极撰写影子报告参与到《消除对妇女一切形式歧视公约》(CEDAW)机制中,通过为个人和公司提供咨询服务等方式,来对受到歧视的劳动者进行援助,对政策的改变进行倡导。

五、瑞典反就业性别歧视经验对我国的启示

瑞典人口负增长的压力、民主政治下妇女选举权的影响力、妇女教育水平的提高、宗教信仰的影响、妇女运动与工会运动的结合等形成合力,成为推动瑞典政府致力于创造一个性别平等社会的内在动力。瑞典通过

---

〔1〕 丁赛尔:《瑞典反就业歧视法律制度》,载《中国劳动》2010年第3期。

法律制度的施行改变文化传统，通过福利的发展让国家和家庭得以共同承担孩子的养育义务，通过育儿假的推行让男性共同分担家庭照顾义务。这样的制度安排着眼于改变性别分工，改变性别结构从而消除女性受到的就业歧视，推进一个性别平等化的社会。同时，瑞典将性别平等作为实现社会公正的重要组成部分，积极推动性别平等主流化。

我国已经出现人口的老龄化和低增长趋势，因此在人口政策上作出回应，全面放开二胎。但这个政策有可能增加女性在就业中受到的排斥和歧视。如何让用人单位成为利益相关的合作伙伴而不是反歧视的“敌人”，需要充分地考虑到用人单位尤其是企业的切身需求。反歧视不仅是企业的义务更是国家的义务。国家应当提供财政支持、政策引导，激励企业实施公平就业的规定。同时，我国应当通过社会保障制度的健全、宣传倡导来改变社会文化，形成男女共同承担家庭照顾义务的合作。

平等：一种观念的晚近史

[英]乔纳森·沃尔夫* 吴园林 译**

摘 要：平等是政治哲学永恒的话题。近二十年来，英美学界对平等的关注多有偏颇之处，在资源、福利、机会、结果四种形式之间争论得非常激烈。罗尔斯、诺齐克和阿玛蒂亚·森的工作为平等的讨论提供了基本的框架，对平等的批评与捍卫皆围绕着这一框架而进行。无论是对平等理论的批评，还是对平等理论的捍卫，平等主义者构建的理想化的理论与世界都是现实世界的有益参照。或许其后的平等哲学要从"我在"这一哲学原点出发，能更好地实现传统平等哲学的关注。

关键词：平等主义；福利平等；资源平等；机会平等；结果平等

---

* 乔纳森·沃尔夫，伦敦大学学院哲学系教授，人文与艺术学院院长。本文的写作源于作者在谢菲尔德大学（University of Sheffield）的演讲。感谢法比恩·弗里耶哈恩（Fabian Freyenhagen）让我写出成稿在本刊发表的建议以及对论文初稿进行的评论。原文发表在《道德哲学杂志》（季刊）2007年第4卷第1期。

** 吴园林，法学博士，中国财政科学研究院博士后，研究方向：宪法学与行政法学。在翻译过程中，译者得到时为中国人民大学博士王理万先生（现为中国政法大学讲师）的帮助，在此特别表示感谢。译文在内容上保留了原文的编排方式和注释风格，摘要为笔者所加，并且已得到作者的许可，期望对译文的阅读有所助益。

一、诺齐克之前的平等理论

毋庸置疑,约翰·罗尔斯的《正义论》是数十年来政治哲学领域最重要的著作,[1]该著作核心的要旨乃是一种平等主义的正义观。一个人若因此便认为对罗尔斯的讨论理应居于当代平等理论发展的中心地位,这是可以被理解的。不过,罗尔斯所处的位置并非完全如此。事实上,罗尔斯的理论在争论中被视为一个定点;一个常常既被某些学者用来援引或者作为补充自己观点的先驱以寻求明确支持的来源,又被其他学者作为错误或者过度简化所应当批判的对象。不过,就为平等的探讨创造一个聚焦点而言,首要工作是由德沃金完成的,[2]之后逐渐转到阿玛蒂亚·森,[3]而非罗尔斯,虽然罗尔斯为其他人的细致研究提供了一个跳板。

罗尔斯的《正义论》既是一部探讨如何论证正义理论的专著,也是一种基于自己的术语对正义理论的表述。这两项工作在篇幅与细节上的视角并不匹配,但先后皆告完成。然而,在当代有关平等的探讨中,罗尔斯观点的显著特点却能相当简洁地予以表述。自科恩以来,就存在着广为人知的平等主义正义的"衡量标准"问题。[4] 也就是说,当我们评估事务存在的状态以便确定它们是否能符合正义的适当标准时,我们需要知

---

〔1〕 John Rawls, *A Theory of Justice*, Oxford: Oxford University Press, 1971. 罗尔斯教授的《正义论》在国内最早的译本见[美]约翰·罗尔斯:《正义论》,谢延光译,上海译文出版社1991年版;何怀宏、何包钢与廖申白三位先生合译出来的中文版流传更广并多次再版。最新的中译本见[美]约翰·罗尔斯:《正义论》(修订版),何怀宏、何包钢、廖申白译,中国社会科学出版社2009年版。——译者注

〔2〕 Ronald Dworkin, "What is Equality? Part 1: Equality of Welfare", *Philosophy & Public Affairs* 10, 1981, pp. 228 – 240; and idem, "What is Equality? Part 2: Equality of Resources", *Philosophy & Public Affairs* 10 , 1981, pp. 283 – 345; both reprinted in his Sovereign Virtue (Cambridge, MA: Harvard University Press, 2000). 这两篇论文重印后收在 R. Dworkin. Sovereign Virtue (Cambridge Ma. : Harvard University Press, 2000)。

〔3〕 Amartya Sen, *On Economic Equality*, Oxford: Oxford University Press, 1973, idem, "Equality of What?", in S. M. McMurrin (ed.), *The Tanner Lectures on Human Values*, Cambridge: Cambridge University Press, 1980, pp. 195 – 220; idem, Choice, Welfare and *Measurement*, Oxford: Blackwell, 1982; idem, *Inequality Re-examined*, Cambridge, MA: Harvard University Press, 1992; and idem, *On Economic Equality*, Oxford: Clarendon Press, expanded edn, 1997.

〔4〕 G. A. Cohen, "On the Currency of Egalitarian Justice", *Ethics* 99 , 1989, pp. 906 – 944.

道要对人们的什么进行估量。是他们的生活标准？他们的幸福？他们的健康？他们的财产？还是他们的其他什么？罗尔斯的回答是：政府应当关注他所谓的“社会基本善”以及那些有助于个人实现其所希望追求的善的观念的任何“必要工具”。对罗尔斯来说，这些是自由、机会、政府部门的权力与特权、自尊的社会基础以及收入与财产。然而，与分配正义问题以及因此产生的平等问题最相关的原则——差异原则却仅仅是关于财产与收入的分配原则。差异原则认为，一个公正的社会是一个使得最差境遇者尽可能转好的社会。比如，它能将天赋最差者的财产与收入最大化。这个社会的形式——不平等的存在的前提就是符合境遇最差者的利益，及内容——收入与财产的分配，两者都是极其重要的。

为了理解当前的争论，我们需要越过罗尔斯，回到伯纳德·威廉的《平等的理念》。[1] 这是一篇深刻而绝妙的论文，发掘了平等理念中的诸多张力与细微之处，事实上还深化了那些常常被重现或重新发明的主题。不过，当前争论中最开始的重点在曾经激起罗伯特·诺齐克强烈回应的两个命题。威廉将按需分配视为平等理论的关键基础，并且写道：对健康护理进行分配的合理基础应当是对健康的需求。这是一个必要的事实。[2] 这看似无可指责，但诺齐克回应道：如果这是一个必要的事实，那么同样的推理也可以得出：对理发护理的分配的合理基础是基于理发的需求。[3]

当然，诺齐克想让我们认为这其实连事实都算不上，更何谈必要的事实。如果诺齐克的看法是对的，那么威廉所举关于健康护理的例子根本不是一个必要的事实。在理发的例子中，我们感觉到理发服务的提供者在哪个人会得到理发的服务上享有重要的发言权。在诺齐克看来，同样

---

〔1〕 Bernard Williams, "The Idea of Equality", in P. Laslett and W. G. Runciman (eds.), *Philosophy, Politics and Society*, 2nd series, Oxford: Blackwell, 1962.

〔2〕 Williams, "The Idea of Equality", pp. 121 – 122.

〔3〕 Robert Nozick, *Anarchy, State, and Utopia*, Oxford: Basil Blackwell, 1974, pp. 233 – 234. 诺齐克此著的中译本目前有三个，参见[美]罗伯特·诺齐克：《无政府、国家与乌托邦》，何怀宏译，中国社会科学出版社 1991 年版；[美]罗伯特·诺齐克：《无政府、国家和乌托邦》，王建凯译，时报文化出版社 1996 年版；[美]罗伯特·诺齐克：《无政府、国家和乌托邦》，姚大志译，中国社会科学出版社 2008 年版。——译者注

的情形对健康护理的提供者也是适用的。为什么对服务的分配要被迫回应需求,而不是最高竞价者得之,或是一些其他的标准呢?

诺齐克在《无政府、国家和乌托邦》中对平等主义者的观点发起了整体的攻击,而对威廉观点的辩驳只是这个攻击中的一部分——很可能是一个很小的部分。但这一辩驳是非常重要的。威廉对平等做出了被诺齐克誉为生平所见最好的论证——他还鼓励读者能否提出更好的论证——但仍然被其只用一句话就轻轻驳倒了。这表明,那些曾经捍卫过平等的学者在当时并没有进行很好的论证,以至于让平等主义者立即处于守势的地位。其次,诺齐克提出了一个很好的论点,即平等主义者倾向于将个人视为消费者,而非生产者。正如诺齐克所言,平等主义者倾向于如此推理:社会资源好像存在一个"巨大的社会容器"中,所有与之相关的问题就是如何分配容器中的东西。不过,这个容器的许多东西,即使不是全部,装的是人造或改造的商品以及包含了其他人劳动的服务。诺齐克的这一观点跳出了平等主义者思考的视野。但是,一个人怎么可能在不考虑产品的产出而来讨论对产品的分配呢?要知道,产品生产恰恰是那些生产者的动力与权利。

现在,不论这一批评对威廉而言是否有失公平,很多人会认为它在总体上对罗尔斯是有失公平的。罗尔斯并没有为纯粹平等辩护,而是为差异原则进行了辩护。在罗尔斯看来,差异原则允许不平等的存在,只要不平等的存在符合境遇最差者的利益。罗尔斯的整体观点是:为了所有人的利益,应当允许激励的存在以便让个人更加多产。因而,罗尔斯并没有忽视对生产者动机的考虑。但是,这仅仅是半个回答。罗尔斯很清楚,他并不认为越多产者越有权多享有产品的自然权利或奖赏。法律和制度之所以设立,就是为了保护那些天赋最低者、财产与收入最少者的最大利益。然而,有人会认为这是一个有失偏颇的观点。为什么那些最不利者的财产与收入都在最后起着决定性作用?

二、德沃金与资源平等

事实上,德沃金恰好引出了罗尔斯在该领域面临的难题。德沃金在《哲学与公共事务》杂志上连发两篇长文,既回应了诺齐克的自由至上主义的挑战,也试图反驳一系列相互矛盾的平等主义理论。[1]

德沃金被认为向罗尔斯提出了两个核心的挑战。[2] 第一个挑战推进了诺齐克的反对意见,可以这样表述:在将社会资源投入改善那些财产与收入最少者的境遇之前,难道我们不应该,或者至少,首先要调查一下他们是如何落入这个境地的?一些人境况不佳是因为他们没有能力去工作,或者找不到工作。但另外一些人可能是因为选择不去工作。难道他们也应当同等享有或者有权获得其他人劳动所带来的收益吗?难道为了那些同样能干、同样聪明却无所事事者的利益而对那些辛勤劳动者进行征税是公平的吗?然而,差异原则确实没有要求对这些问题进行回应。因而,将德沃金的第一个论点简单地表述为:它主张要补贴那些乞讨者;或者更中立一点,那些故意低效的人。在德沃金看来,这与平等是背道而驰的。在同等其他条件下,平等应当允许那些努力工作的人收获奖赏,而那些选择少付出的人应当承担起相应后果。

第二个挑战即反对意见引出了新的难题。基本善的序列,尤其是对财产与收入的关注,忽视一些人比其他人更昂贵的需求这一事实。特别是对于那些身有严重残疾或者高昂的医疗需求的人们。他们可能会有一份合理收入,但肯定完全不够支付达到一个合理的幸福生活所需要的支出。

对诸如身有残疾之人所产生的奢侈性偏好问题的本能回应就是放弃作为正义衡量标准的基本善,从而转向用某种形式的福利来评估幸福生活的水平,比如快乐、偏好的满足等。然而,德沃金认为这可能是错误的。首先,德沃金就某种福利措施的相关性发出一连串反对意见——在判断两个不同的人何时处于同一水平上存在根本性的困难,而这才是平等理论的核心问题。但是最有特色且最富影响力的争论却是奢侈性偏好的问题。设想一下:有两个相同偏好、天分和资源的人,同样拥有将资源转变

---

〔1〕 Dworkin. "What is Equality? Part 1: Equality of Welfare," *Philosophy,&Public Affairs*, *vol.* 10 (Summer 1981), pp. 185 – 246; "What is Equality? Part 2: Equality of Resources," ibid. (Fall 1981), pp. 283 – 345.

〔2〕 See also Will Kymlicka, (2002) *Contemporary Political Philosophy: An Introduction*, *2nd Edition*, Oxford: Oxford University Press, Chapter 3. 中译本见[加]威尔·金里卡:《当代政治哲学》,刘莘译,上海三联书店 2004 年版。——译者注

为福利的能力,先不管如何解释这一假设。现在两人中的一人——刘易斯——决心要改变自己的偏好,而且成功地培养出对生葡萄酿制的红酒及啄木鸟蛋的偏爱,并因而不再喜欢啤酒和鸡蛋。根据德沃金的观点,福利的平等理论会要求资源从普通偏好者转向奢侈性偏好者,如此则他们的福利就得以平衡。德沃金似乎认为,这一点是非常反直观的。

德沃金在罗尔斯的理论中指出的问题被他用一种回避对奢侈性偏好补助的方式表达出来。关键的洞见在于一种可以被整合进平等理论的责任观。让一些人在某些领域中的事务负责,而不负责其他领域不相关的事务,这是可能的。德沃金在一个人的志向——涵盖了该人自愿选择的范围,与该人的天赋上——我们认为包括了与生俱来的才能、天赋等,进行了区分。简言之,德沃金的理论可以被表述为:尽管平等要求政府采取行动补偿那些生来禀赋较差或因生活的其他方面遭遇不可预料的坏运气而处于不利地位的人,但它并不要求政府对做选择时运气不好的人进行补偿,而选择时运气不好很明显包括了自由选择所带来的后果。因而,在德沃金看来,对刘易斯进行补助是没道理的,因为刘易斯是自己做的决定去培养奢侈性偏好。与之类似,那些有能力工作而选择无所事事的人是不会得到补偿的,而这在原则上就解决了罗尔斯差异原则中的“责任难题”。

不过,这也给我们带来了如何确定补偿或补助的合理水平的问题。在此处,德沃金明智地将问题首先转向了保险,其次是假设的保险。现实生活中的人身保险将原始运气转变为选择的运气。雷电是否会袭击我家的房子是一个纯粹的概率问题。如果我已经拒绝购买简单易行的保险措施以保护自己免受损失,那么这就不再是一个纯粹的概率问题。在德沃金看来,如果保险能够防范风险,而我选择了不参加保险,那么基于平等的背景,在司法中就不会出现对先前的穷人征税以补贴未参保者的情形。如果保险能够抵消所有原始运气的效应,那么看起来德沃金的理论仅仅会要求对资源进行一种平等的分配,然后允许人们自己做选择与经营,无论他们愿意为此甘冒什么风险。

但是,生活并非如此简单。原始运气从我们出生的那一刻起就开始影响我们。有些人天生禀赋低下,或者如前所述,天生残疾:这是德沃金为罗尔斯指出的问题之一。但是通过参与保险来应对那些已经发生效应的原始运气是不可能的。然而,假设在无知之幕后你已经知道不同类型的残疾会带给人的优势或劣势,但你不知道这是否会影响到你个人,那么设想一下个人会参加哪种保险是可能的。了解到自己是否会受影响,这会让一个人决定是否参加保险,以及什么水平的保险。将所有的决定平均化就产生了一种假想的标准的保费与支出,而用保费和支出就可以建立一个公正的税收与转移支付计划模型。类似的动机也适用于对那些禀赋低下的人的合理的福利支出建立模型。

这样,德沃金的观点就有了正视,而且可以试图回应许多艰深问题。正义的衡量标准是什么?我们如何为平等主义的责任问题预留空间?我们又如何决定给予那些没有赚钱能力或身有残疾者以适当的补偿?一个连贯的、系统的景象就浮现出来,而这回答了诺齐克的问题,也修正了罗尔斯语境的缺陷。这也能解释在现有文献中诺齐克著作所处的中心位置。

三、基本收入

在关注对德沃金的直接回应前,值得注意的是,并非每个人都对责任问题像他那般认真对待。一种替代性的理论认为,每个人都有权利接受国家的款项,不论他们是否工作,以及是否愿意工作。这就是"无条件基本收入"理论,它有几个可能的基础。菲利普·范·帕里基斯[1]和安德鲁·列文[2]从善的观念的中立性上为该理论做了实质性的辩护。一些人喜欢工作,一些人不喜欢工作。简言之,为什么我们偏爱一种善超过另一种善呢?他们认为这种理论也会产生很间接的优点,比如停止对兼职工作者的歧视、要求条件差的工作环境应得到相应合理的工资等。[3]

希尔·斯坦纳坚持了另一种替代性的观点。他认为,所有人是地球及其资源的共同所有者。为简化起见,我们假设每个人都是地球享有一个份额的所有者。任何人想使用这个世界的资源必须支付租金方可,且

---

〔1〕 Philippe van Parijs, *Real Freedom for All*, Oxford: Oxford University Press, 1995.

〔2〕 Andrew Levine, *Rethinking Liberal Equality*, Ithaca, NY: Cornell University Press, 1998.

〔3〕 Philippe Van Parijs and Robert Van der Veen, "A Capitalist Road to Communism", *Theory and Society* 15 (1986), pp. 635 – 655.

租金被返回到股东手里作为收益。相应地，任何人想使用超出自己份额的资源就必须支出比他应得收益要多的租金。而那些使用资源少于自己所有份额的人们会得到较多的收益。当然，这样会对每个人都会有一份给付，不论他们是否各司其责，尽管一些人当然会付出比收益更多的租金。[1] 尽管这里我并不准备延伸的更多，但将这种理论上的选择作为政治哲学上的一条现实且重要的线索是必要的。

四、再探福利平等

为了达到一种可接受的生活水准，残疾人会比其他人需要更多的资源，这是一个事实。福利上的平等被视为是对这一事实的可能回答。让我们回到本文的主线，回想一下德沃金是如何思考与拒绝这种福利平等的方案的。德沃金对这一方案的拒绝是基于对刘易斯奢侈性偏好的论证。理查德·阿纳森认为德沃金的论证是令人困惑的。[2] 刘易斯的问题在于他故意培养了奢侈性偏好。如果刘易斯仍然对鸡蛋和啤酒的生活感到满意，那么他可能早已经达到与他人相同的福利水平了，但不管出于什么原因，刘易斯就是决定要培养奢侈性偏好。阿纳森的回答是：我们需要知道，不仅在资源论和福利论之间存在区别，而且在所谓的“结果”论与“机会”论之间也存在区别。阿纳森也肯定了福利结果的平等会要求对刘易斯故意培养的奢侈性偏好进行补贴，这是事实。然而，刘易斯确实在福利上享有机会的平等，但他已经故意培养奢侈性偏好的行为已经浪费掉这一平等。如果刘易斯的奢侈性偏好是与生俱来的，那么这种情形下的补贴就变得更为必要，因为他缺少在福利上享有的机会平等。因而，在阿纳森看来，德沃金从自己的例证中得出了错误的结论。事实上，阿纳森指出，德沃金已经将资源的机会平等与福利的结果平等进行了比较。奢侈性偏好的争论表明福利的结果平等是不能接受的，但这是转向机会平等的理论，而不是资源平等的理由。

G. A. 科恩的争论也沿着类似的路径。尽管与阿纳森不同，科恩认

〔1〕 Hillel Steiner, *An Essay on Rights*, Oxford: Blackwell, 1994.

〔2〕 R. Arneson, “Equality and Equal Opportunity for Welfare”, *Philosophical Studies* 56, 1989, pp. 77 –93.

为:一种充分的平等论必须使用将福利与资源整合进来的“优势”衡量的标准,尽管科恩承认自己并没有论述如何将福利与资源的两种平等观结合起来。[1] 科恩赞同德沃金对纯粹福利主义的辩驳,即纯粹福利主义会产生一种奇怪的结果:它要求资源从快乐的穷人——如狄更斯笔下的小蒂姆,向不快乐的富人——如斯克鲁奇转移。但同时,科恩认为,赞同德沃金并且认同一种基于资源的纯粹标准可能是错误的。举例而言,这种标准并不足以让人们因为伤痛与苦难而得到补偿。

不过,德沃金并没有被阿纳森和科恩的批评说服。德沃金认为,即使奢侈性偏好是先天基因的结果,对其进行补贴同样会招致强烈的反对。一个人是否在奢侈性偏好上应当得到补贴,取决于该人是否参与了涵盖该偏好的保险。对德沃金而言,奢侈性偏好的来源无关紧要。批评者完全不相信德沃金在这一问题上的回答。在我看来,公平而言,这场争论,尤其是在德沃金与科恩之间,并没有平息。[2]

五、平等、优先性和充足

对平等理论的另一派批评集中于平等本身是否有价值的问题。对平等的传统看法是它要求将所有人拉低到同一水平线:如果要在较低水平的平等与较高水平的不平等做出选择,平等的理论要求选择平等,即使它会使每个人都陷入贫穷。尽管很熟悉这一观点,但很少有平等主义者会认真对待它,往往把它丢在一边置若罔闻,直到罗尔斯提出了差异原则。在差异原则中,当不平等的存在符合境遇最差者的利益时,不平等是可以被容忍的。差异原则阻止了将所有人拉低到同一水平的做法,而这当然是它的目标所在。

然而,目前尚不清楚罗尔斯的理论是否能被视为平等理论的一种。一方面,纳格尔一类的理论家将罗尔斯看作是持平等理论的学者典范,[3]而平等理论的批评者则视罗尔斯为批判的目标;另一方面,罗尔斯

---

[1] Cohen,“On the Currency of Egalitarian Justice”.

[2] See the papers in Justine Burley (ed.), *Dworkin and His Critics*, Oxford: Basil Blackwell, 2004.

[3] Thomas Nagel, “Equality”, *in his Mortal Questions*, Cambridge: Cambridge University Press, 1979.

的理论是允许不平等存在的，这是一个不争的事实，因而一些更激进的理论家批评罗尔斯是主张不平等的学者。[1] 不过，这种情形已经为哈利·法兰克福特[2]以及德里克·帕菲特[3]两人的论文所解释清楚。这两篇论文对一系列不同程度与义务的理论进行了区分。首先，法兰克福特认为，平等主义者并不，或者至少不应当，关注此类平等，而应当关注个人是否过上了充足的美好生活，尽管这被认为是不具有可比性的。在法兰克福特看来，与之相关的是人们是否拥有足够多的东西而蓬勃发展。与其他人的对比只会让人疏远，并且使得该人偏离自我生活的价值。无论我们如何看待这一观点，与平等不同，这样的一个"充足"的视角还是有一定吸引力的，这无法否认。

然而，我们还可以进一步做出选择。帕菲特将罗尔斯式的观点看作是"穷人优先"的一种，这再一次与平等有差别。事实上，这一观点的出现伴随着多种优势。罗尔斯自己认为它是绝对优先性的一种，尽管境遇最差者的诉求总是被给予优先性。帕菲特的观点是"权重优越性"的一种形式。在这种形式中，境遇最差者的诉求比其他人的诉求权重更大，至少在理论是可以被权衡的。从这一观点看来，即使是社会境遇最差者也存在着"要求太多"之类的问题。法兰克福特和帕菲特的贡献是极有价值的，能够让学者们更好地理解他们自己的自觉与理论上的付出。举例而言，阿纳森就已经从平等的视角转向了一种权重优先性的视角。[4] 不久我们就能看到这些区分是如何进一步得到运用的。

六、森与能力理论

与德沃金同时，阿玛蒂亚·森也给了罗尔斯一个平均主义者的回应。

---

〔1〕 Norman Daniels, "Equal Liberty and Unequal Worth of Liberty", in N. Daniels (ed.), *Reading Rawls*, New York: Basic Books, 1975.

〔2〕 H. G. Frankfurt, "Equality as a Moral Ideal", *Ethics* 98, 1987, pp. 21 – 43; reprinted in his *The Importance of What We Care About*, Cambridge: Cambridge University Press, 1988.

〔3〕 Derek Parfit, "Equality and Priority", in Andrew Mason (ed.), *Ideals of Equality*, Oxford: Basil Blackwell, 1998. See also Larry Temkin, *Inequality*, New York: Oxford University Press, 1993.

〔4〕 R. Arneson, "Equality of Opportunity for Welfare Defended and Recanted", *Journal of Political Philosophy* 7, 1999, pp. 488 – 497.

森对罗尔斯有关基本善的福利序列及其对身有残疾者处境的忽视尤其谨慎。森给出的建议是:从个人是否应当得到国家帮助的角度来评估一个人生活的现状。这种评估既不考察某些人所拥有的资源,也不考察他们可能获得的福利,而是考察他们“正常生活的能力”。这种能力指的是个人能做或者做不了的事情:获得营养、健康、满意的寿命、自尊等。个人的“能力条件”是正常生活能力的替代性条件,因此,也是一种实现正常生活能力的自由。因为这些条件,个人能够成功地用所拥有的资源与机会实现想要的生活。[1]

福利的多元主义观往往被视为比任何资源或福利论的表述更加现实。尽管森的理论当初并非是对诺齐克的回应,但正如读者所见它确实涵盖了一种特殊的责任论。如果一个人有能力实现某种生活方式,但忽视了去实现它,那么这个人就应当为自己的处境负责,并不能在司法上针对他人寻求救济。这种被包含在平等理论中的责任与自由观让这一理论吸引了很多人。

森的理论已经在发展经济学中变得极其重要,影响到像联合国一类的组织的政策,推动了贫穷治理的措施从收入转向“基本生活能力缺失”。[2] 这也是有助于他在 1998 年获得诺贝尔经济学奖的贡献之一。不过,政治哲学上发现的两个主要原因使对森的理论进行整合变得更加困难。首先,森总是避免列出人类生活能力的明确清单;其次,从多元主义者的视角来看,理解平等的涵义是十分困难的。平等似乎要求存在某种方式能对此种生活能力或彼种生活能力进行衡量,但在多元主义者看来,这根本是不可能的。正如玛莎·努斯鲍姆曾经试图在对人类必要的生活能力的阐释上所做的那样,[3]第一个问题的解决只不过带来了第二个难题。

然而,法兰克福特和帕菲特的贡献已经能让政治哲学家更多地使用

---

〔1〕 Sen,“Equality of What?”.

〔2〕 United Nations,Human Development Report 2005,http://hdr.undp.org/.

〔3〕 Martha Nussbaum, *Women and Human Development*, Cambridge: Cambridge University Press,2000. See also Sabina Alkire, *Valuing Freedoms*, Oxford: Oxford University Press,2002; Ingrid Robeyns,“The Capability Approach in Practice”, *Journal of Political Philosophy* 17,2006,pp. 351 –376.

森的方法,因为一种能力的"充足观"看起来是一种更有前景的方法。在这一方法中,社会政策的目标在于将每个人带到每种能力充足水平的关口。[1] 不过,当资源的限制使其变得不可能时,可能就会面临一些严重的问题。[2] 能力的"充足观"在处理竞争性诉求间的优先性设置时将需要得到某种形式的补充,并且许多最初的难题会再现。不过,这一处境并非毫无希望。有人主张,将优先性主张者的处境与(修正过的)能力观相结合还是有可能的。[3]

七、关系平等及对运气平等主义的批评

随着森的研究方式的复兴,我们已经看到一套反对将责任纳入德沃金、科恩和阿纳森理论的整合方式的批评。同时,用阿纳森著作中的表述,那些整合的理论可以被集中称为"运气平等主义",因为它们的目标在于抵消运气对个体生命的影响。[4]

可是,对这一目标的追求看起来会产生很多不幸的后果。举例来说,必须要对请求者进行分类,哪些人要对自己的困境负责,哪些人无须对自己的困境负责。这样的做法在某些情形中甚至会羞辱那些有权获得帮助的人,如那些为了获得国家帮助而必须证明自己禀赋低下的人。[5] 进而言之,严格地执行这种理论的很多此类政策看起来是极其不近人情的,如在残疾人中造成的歧视。在运气平等主义者看来,那些应对自身残疾负责的人是无权得到国家的任何帮助的。安德森认为,平等主义的"消极目标"不应当是去消除坏运气的结果,而是去终结压迫、控制剥削。一个平等的社会并非是一个消除了运气带来的结果的社会,而是一个能够在人与人之间实现平等关系的社会。此类观点也得到了塞缪尔·舍弗勒的新

〔1〕 Elizabeth Anderson, "What is the Point of Equality?", *Ethics* 109 , 1999, pp. 287 – 337; Martha Nussbaum, *Frontiers of Justice*, Cambridge: Harvard University Press, 2006.

〔2〕 R. Arneson, "Distributive Justice and Basic Capability Equality: 'Good Enough' is Not Good Enough", in Alexander Kaufman (ed.), *Capabilities Equality: Basic Issues and Problems* (London: Routledge, 2005).

〔3〕 Jonathan Wolff and Avner de-Shalit, *Disadvantage*, Oxford: Oxford University Press, forthcoming.

〔4〕 Anderson, "What is the point of equality?".

〔5〕 Jonathan Wolff, "Fairness, Respect and the Egalitarian Ethos", *Philosophy and Public Affairs* 27, 1998, pp. 97 – 122; Anderson, "What is the Point of Equality?"

近著述的支持。[1]

向“关系的”或“社会性的”平等的这一转向在较早思考平等的传统中获得了关注。这一传统在如R. H. 托尼一类的思想家的著作中获得阐释,[2]在大卫·米勒[3]、迈克尔·瓦尔兹[4]和理查德·诺曼[5]的著作中得以发扬光大。实际上,转向的主题在伯纳德·威廉的论著中处于非常显眼的位置,而正如前述所见,威廉的论著受到了诺齐克的猛烈及可能是令人分散注意力的批评。[6] 早期传统的核心思想在于一个充满平等的社会必须要创造出互相尊重及自尊的环境,从而克服等级分化。这类观点与“差异”理论家艾利斯·马瑞恩·杨[7]和“认知”理论家南希·弗瑞舍[8]的著作关系很密切。在这一主题上也存在多个变相的观点,但基本观点仍然是:一个平等的社会是一个在人与人之间存在良性关系的社会,而不是通过某种合适的方式对正义的“衡量标准”进行分配的社会。

尽管看起来更多的人赞同社会平等是一个平等的社会不可或缺的部分,但分配的因素也同样不容忽视。[9] 当前的一个主要研究方案是要尝试解决如何将平等的分配式解读与社会性解读在同一个视角中结合起来的问题。

八、当代发展

尽管迄今为止对这些主题的公开讨论还是相当少,但在两个关联的话题上的讨论逐渐增多,这可以从相关的会议上得到证明。其中一个话

---

[1] Samuel Scheffler, “What is Egalitarianism?” *Philosophy and Public Affairs* 31, 2003, pp. 5 – 39.

[2] R. H. Tawney, *Equality*, London: George Allen & Unwin, 1931.

[3] David Miller, *Principles of Social Justice*, Cambridge, MA: Harvard University Press, 1999.

[4] Michael Walzer, *Spheres of Justice*, Oxford: Basil Blackwell, 1983.

[5] Richard Norman, “The Social Basis of Equality”, in A. Mason (ed.), *Ideals of Equality*, Oxford: Basil Blackwell, 1998.

[6] Williams, “The Idea of Equality”, in P. Laslett and W. G. Runciman (eds.), *Philosophy, Politics and Society*, 2nd series, Oxford: Blackwell, 1962.

[7] Iris Marion Young, *Justice and the Politics of Difference*, Princeton: Princeton University Press, 1990.

[8] Nancy Fraser and Axel Honneth, *Recognition or Redistribution?*, London: Verso, 1998.

[9] Anne Phillips, *Which Equalities Matter?*, Oxford: Polity Press, 1999.

题从已有的观察开始，即在政治哲学领域不少新近的作品都以“理想化的理论”或“完全服从”为基础。也就是说，它的目标是建构一种公正社会的理论，假设所有的公民都会遵守规则。然而，此类理论应用于整个现实世界时会产生一个潜在的问题。一种理论得不到实施有多种原因：如对人类提出了不合理的要求；如前后不完全一致；如缺少政治意愿；如在此案与彼岸之间无路可通，等等。因此，一些学者开始思考需要将更多的注意力投向“非理想化”的理论与“现实的世界”。政治哲学必须从“我在”出发，这些学者采用的正是这一思路。

这个方案与其他方案实际上是贴合的：实践中的社会正义会尝试用哲学理论来思考现实的社会政策问题，反过来参照这些问题也可以修正该理论。举例而言，如果一种平等理论建议我们采取与现实中的进步性和文明的社会政策相冲突的措施来处理不平等问题，看起来，或者至少，我们应当考虑一下我们的理论是否正确，并且准备修正该理论以便它能更好地适应最佳的社会政策，同时也帮助在疑难情形中决定优先性。[1]

九、结论

平等是一个很有趣、有活力的研究领域。过去二十年的大部分努力都是对诺齐克所设定议程的回应。诺齐克发起了对平等的强有力的批评，尤其关于平等理论中对责任问题的明显忽视。传统的平等主义关注对个性的尊重，关注对社会分化、压迫与控制的抗争，以及事实上如何改良我们当前生活的这个世界。而在尝试回应诺齐克的过程中，学者们忽视了传统平等主义者的关注，过分关注了个人的责任、选择与公平的问题。这些关注是对平等主义理论的扭曲，而这是值得商榷的。在平等理论的研究上，我们依然大有可为。

---

〔1〕 See, for example, Brian Barry, *Why Social Justice Matters*, Oxford: Polity, 2005; Tremain, Shelley, "Dworkin on Disablement and Resources", *Canadian Journal of Law and Jurisprudence* 1996, 9, pp. 343 – 359; Wolff, Jonathan (2002) "Addressing Disadvantage and the Human Good", *Journal of Applied Philosophy*, 2002, 19, pp. 207 – 218; and Wolff and De – Shalit, Disadvantage. 布莱恩·巴利（Brian Barry）的著作中译本见［英］布莱恩·巴利：《社会正义论》，曹海军译，江苏人民出版社 2007 年版。——译者注

深度评论

PP. 101 - 119

转型中国的男女不同龄退休的深层问题

——以性别公正为进路

骆方方*

摘　要：我国男女退休年龄差距明显，此种制度安排及其构建的社会关系严重损害人的尊严与发展权。本文从社会分工入手，深挖性别资源不平等之原因，解剖退休制度不公的社会根源。性别公正是我国宪法实施的题中应有之义，欲实现实质的性别公正，则须公私领域的性别公正建设。公法上的性别公正制度之健全也将推动着私人领域的性别公正秩序之重构，形成良性互动，最终使男女共同在善良的制度和风俗中栖身。

关键词：同龄退休；性别公正；性别分工；制度环境

一、问题的提出

人类追求性别平等历程之坎坷，提醒着我们女性为

* 骆方方，杭州师范大学法学院2015级法律文化专业硕士，研究方向为法社会学、宪法、法律文化。本文承蒙刘练军教授指导，在此表达感激。本文核心内容曾于2016年11月27日在鲁、浙、闽、粤四省社会法学研讨会上演讲交流，谨此再次对诸位老师表示感谢。当然一切文责自负。

权利而斗争的艰辛。性别公正不仅是理念与呼声,更是一门可以落地生根的社会科学。许多国家在宪法和立法上根据平等原则纠正性别歧视性制度,性别平权已成世界性的实践。但性别不公问题仍未得到彻底解决,甚至基于性别的制度性歧视依然大行其道。我国的退休制度就是其中之一。[1] 社会作为一个有机体,此一制度之不公不仅有其深层原因,而且还埋下了许多隐患。

笔者认为,现行退休制度是传统社会"男主外,女主内"性别分工之产物,与现代社会性别分工大相径庭。转型中国在现代化的进程中,由于未将此项歧视性制度扫进历史垃圾堆,诸多女性因此而饱受歧视,提起诉讼则实属必然。

有调研显示,即使在现行退休制度中,依然存在不少女性早于法定退休年龄离职。但此现象实属少数,不能因此说明其合理性。须注意,性别问题具有跨学科的复杂性特点。仅退休制度就涉及社会转型中的体制、政策、文化、观念等深层问题,因为性别分工、基于性别的歧视观念根植于社会深层结构、文化乃至思想观念、心理人格,以复杂且隐蔽的形式存在。

以往退休制度的研究范式之不足:或仅聚焦于制度,不关注女性的具体情境、多样化和动态化,忽视了退休对私人领域的影响;或陷入某些女权主义理论的圈囿,过分强调女性权利;或陷入男性标准,忽略了对另一性别群体公正与否的审视。

很多人因性别意识形态对隐蔽的性别歧视习以为常,本文将反省男

---

〔1〕 中国退休年龄规定可追溯至20世纪50年代《劳动保险条例》的规定,1978年《国务院关于安置老弱病残干部的暂行办法》和《国务院关于工人退休、退职的暂行办法》(简称国发〔1978〕104号文件)。《国务院关于安置老弱病残干部的暂行办法》第4条:"党政机关、群众团体、事业单位的干部,符合下列条件之一的,都可以退休。(一)男年满60周岁,女年满55周岁,参加革命工作年限满10年的;(二)男年满50周岁,女年满45周岁,参加革命工作年限满10年,经过医院证明完全丧失工作能力的;(三)因工致残,经过医院证明完全丧失工作能力的。"《国务院关于工人退休、退职的暂行办法》第1条:"全民所有制企业、事业单位和党政机关、群众团体的工人符合下列条件之一的,应该退休。(一)男年满六十周岁,女年满五十周岁,连续工龄满十年的。(二)从事井下、高空、高温、特别繁重体力劳动或者其他有害身体健康的工作,男年满五十五周岁,女年满四十五周岁,连续工龄满十年的。本项规定也适用于工作条件与工人相同的基层干部。(三)男年满五十周岁,女年满四十五周岁,连续工龄满十年的,由医院证明,并经过劳动鉴定委员会确认,完全丧失劳动能力的。(四)因工致残,由医院证明,并经劳动鉴定委员会确认,完全丧失劳动能力的。"

女平等理念反歧视路径和思维定势造成的视野遮蔽，批判分析传统的男女平等理论之不足，反思女权主义法学之偏颇，运用性别公正的理论，得出现行退休制度对男性也是不公的结论。进而提出在重构社会性别分工的基础上，实现同龄退休制度的实质公正。

退休制度的性别歧视难题之最终破解，需要“实现女性与法律的融合”[1]。因为，“性别平等的复杂性恰恰在于修补性的权利归还之外，试图逼迫整个权力机制从根源上自我反省”。[2] 笔者认为，造成退休制度不公的问题根源在男女分工范式[3]，因为它使“资源的真正不平等的分配这个最根本的恶”[4]得以滋生，由此衍生出更多性别不平等问题。如果没有性别分工范式之破除和性别公正制度之建设，仅规定男女同龄退休，在当今社会，不同龄退休制度将如百足之虫，甚至可能衍生出更多性别间实质不公问题。

学界主流观点是，男女应同龄退休或女性应在原基础上适度延长退休年龄。[5] 笔者认为，应该在实行弹性退休的基础上，先逐步提高女性退休年龄，实现男女同龄退休，甚至可以让女性退休年龄高于男性。因为从整体性的生命周期的理论来审视，考虑到男女同龄退休后的余寿因素，让女性退休年龄高于男性更为合理。

退休制度不仅涉及公私领域的社会分工，还关乎养老福利资源分配。基于国人浓厚的家国情怀和对家庭养老的偏好，笔者倡导以公域善良公正之法律制度引导私域的性别公正之道德建设。否则，在缺乏性别公正

---

〔1〕 周安平：《性别与法律》，法律出版社 2007 年版，第 2 页。

〔2〕 张念：《人权平等与女权平等的政治抗辩》，载《开放时代》2013 年第 2 期。

〔3〕 关于我国为何规定男女不同龄退休，在《劳动部办公厅、国务院人事局、全国总工会劳动保险部关于工人、职员退休处理暂行规定的问题解答》中有如下回答：“因为男女生理条件不同，女人身体一般较弱，在生育子女的时候，身体是受到影响的，因此国家除了对女职工在生育时给予必需的休息/假期和妇婴保护以外，还规定女职工的退休年龄低一些，这是完全必要的、合理的。同时，我国新中国成立前女职工就业的机会一般来说比较少，她们的工龄和男职工就业的机会一般来说比较少，她们的工龄和男职工比较起来要短一些，规定女职工退休条件中的一般工龄，比男职工少五年，这也是符合我国实际情况的。”从立法原意可以看出，女性早于男性退休，带有明显的“男主外、女主内”的传统性别遗迹，这种性别范式和性别分工偏好是性别分工的根源之一。

〔4〕 [美]罗纳德·德沃金：《至上的美德》，冯克利译，江苏人民出版社 2003 年版，第 41 页。

〔5〕 樊明等：《退休行为与退休政策》，社会科学文献出版社 2008 年版，第 38 页。

的制度背景下，提高女性法定退休年龄反而会加重对女性的不公。

二、男女退休年龄研究概况

(一)呼吁男女同龄退休之研究概述

在全球老龄化和延迟退休年龄浪潮中，中国延迟退休年龄已然势在必行。各国男女退休年龄数据可以作为政府决策之参考。世界上绝大多数国家都实行男女同龄退休，只有极少数的发达国家和部分发展中国家女性早于男性退休。[1]

张步峰教授认为，我国的男女不同龄退休制度存在违宪的嫌疑，并建议在原则上统一男女退休年龄的基础上，允许女性根据自我情况选择提前退休。[2] 刘明辉教授认为，现行女性早于男性退休的制度是对女性的歧视，延迟退休方案应消除与年龄相关的性别歧视，兼顾不同岗位男女职工的需求与利益期待差异，设置适度弹性退休年龄制度；走出从照顾女性出发却强制女性早退休而损害其政治权、经济权、平等就业权及人格尊严权的悖论怪圈。[3] 潘锦棠教授提出，因为退休年龄还涉及养老等福利资源分配问题。与男性相比，女性的劳动参与率低、工资收入低、平均寿命高，而我国现行养老社会保险制度在处理性别利益方面确实有不尽合理之处，难以保证女性的正当利益。男女退休年龄的合理性，取决于男女退休年龄差距是否真实体现了男女劳动效率的差距，也取决于政府、企业和个人三者的利益能否通过男女退休年龄的差距得到合理平衡。[4] 邵国栋先生从人力资源分析，以生命周期理论为视角，通过对人均受教育年限、人均预期寿命的提高而导致工作年限减少、退休时间增长、工作生命周期比下降和退休生命周期比上升等问题的考察，发现实际劳动起始年龄后移、退休生涯延长对工作年限存在挤压效应，从而得出个人自我养老压力加大、负担加重，提出了延迟退休的综合性政策建议。最终实现男女

---

〔1〕 参见潘锦棠：《世界男女退休年龄》，载《人口与经济》2002 年第 1 期。

〔2〕 张步峰：《男女退休不同龄制度的宪法学思考》，载《法学家》2009 年第 4 期。

〔3〕 刘明辉、陈超凡：《延迟退休方案应消除与年龄相关的性别歧视》，载《中国妇女报》2016 年 8 月 2 日。

〔4〕 潘锦棠：《养老社会保险制度中的性别利益——兼评关于男女退休年龄的讨论》，载《中国社会科学》2002 年第 2 期。

同龄退休,使男女退休待遇相等。[1]

但上述观点有将男性退休年龄标准作为女性退休年龄标准之嫌。既然女性的寿命长于男性,那么女性与男性同龄退休依然合理吗?

(二)为男女不同龄退休合法性辩护的学说

但也有学者为这一现行制度辩护,以下为其代表性观点。

1. 法律父爱主义

为其合法性、合理性辩护的最具代表性的学说是法律父爱主义。[2]此一观点认为,女性比男性提前退休是法律对女性的特殊保护,如同戒毒、戴头盔是法律关爱的体现,被关爱者对此不能拒绝。此等辩护理由值得检讨。首先,这是对女性的幼稚化和弱势化,把女性视为不具备完全行为能力也不具备劳动能力的法律主体。女性具有与男性无异的行为能力,理应具有同等的权利。强制女性早于男性退休是对女性权利的剥夺。其次,此处误用了法律父爱主义,诸如戒毒、戴头盔等强制性规定,法律父爱主义在此作为一种法律干预模式,是为了保护行为人的利益而限制行为人的自由与权利。而男女不同龄退休这一不公正制度造成的后果,则是加深了女性的不利处境。此种滥用法律父爱主义的法律干预不仅不能保护女性的利益,且强行剥夺其劳动权。看似保护、优待女性的法律制度实则是对女性法定权利之剥夺,是对女性的歧视,明显违反了宪法的平等保护原则。

这一观点更严重的危害是,它把女性视为弱势群体给予优待,此类规训性质的性别关系格局被固定为一种范式。这给人以女性在生理、心理、智力、道德、人格、精神乃至灵魂上劣于男性的刻板印象,形成恶性循环,有此类性别观念的人做出性别歧视之举实属必然。是故,以偏爱为名,对女性保护的法律实则是对女性人格的矮化,是对其利益和人格的贬损。许多女性主义学者已做出深刻批判。

减少法律强制性规定,给予女性法律上平等的自由,而非强制剥夺其权利,是女性解放最基本、最重要的路径。此类美其名曰对女性关爱的法

---

[1] 邵国栋:《基于生命周期理论的延迟退休年龄合理性研究》,中国人民大学2008年硕士学位论文。

[2] 房媛媛:《女性退休年龄的宪法学思考》,载《法制与社会》2007年第2期。

律父爱主义，企图依靠强制性政策与法律来解决性别不平等问题，结果会适得其反。

2. 通过公域保护来矫正私域的不平等

另一种有代表性的辩护观点是，在“法律调整私域还颇为艰难的今天，我们不得不给女性在公域中更多的保护，以矫正在私域事实上的不平等”[1]。家庭已被一些学者视为性别不平等的根源，试图将公共领域的不平等问题推向私人领域以求解决是不可能的。此外，将公私领域的公正、平等问题混为一谈更是大忌，哈贝马斯和沃泽尔等现代著名哲学家都对此有过批判。不论从义理分析，还是就事理而论，在男女退休年龄问题上，法律规定女性比男性提前退休已丧失正当性。

以上研究的致命缺陷并未触及不同龄退休制度的社会根源，即性别分工与退休年龄的关系。要从根本上矫正此类歧视造成的性别不公问题，须改变性别刻板印象、性别分工乃至性别意识形态。现行法律已与其保护女性的立法初衷相背离。女性早于男性5～10年退休，不仅使其劳动价值无法发挥，随之而来的职场歧视、职业天花板现象等问题，加重女性职业发展困境，使女性因经济收入低于男性，导致其社会地位、尊严和荣誉受损。世界卫生组织认为，性别角色及不平等的性别关系与其他社会和经济变量发生相互作用，造成不同的以及不公平的接触健康风险状况，并由此形成获取和利用卫生信息、保健与服务方面的差异，这些差异又对女性健康情况产生明显的不利影响。

综上所述，退休年龄确实事关女性社会地位、经济、健康状况、职业发展权和福利分配等问题。社会变革和时代进步使得社会与家庭分工的性别角色逐渐淡化，对体力劳动的需求减少，智力需求增加。因此，学界的主流观点是男女应同龄退休。很多学者已作文说明问题之严重性。[2]

笔者认为，在退休年龄问题上，不应只关注女性权益，也应关注男性，如此才能打破男女在公私领域的性别分工范式。如果只推行同龄退休而

---

〔1〕 刘连泰：《平等与偏爱——女性退休年龄规定的合宪性分析》，载《法商研究》2006年第5期。

〔2〕 参见刘明辉：《对退休年龄改革方案的性别检视》，载《妇女研究论丛》2011第5期；刘明辉：《中国退休年龄制度中的悖论》，载《中国女子学院院报》2012第2期；刘明辉：《中外退休案例中的平等诉求》，载《中华女子学院院报》2014第2期。

无视其牵涉的其他领域的性别公正问题，将会置女性于更加不利的处境。

公域的公正建设，也将促进公正的性别伦理和道德建设。对此，我们寄望于被称为“国家根本大法”的宪法。正如学者郑军所言：“希望通过宪政与社会性别平等等概念及关联性问题的分析和探讨，推进人们对宪政框架下性别平等问题的关注和认同，并达成拓宽宪政研究视野，促进宪政功能和作用发挥的目的。为社会性别平等乃至社会公正、文明、和谐、进步，开启制度保障资源。”[1]

三、男女不同年龄退休制度的性别公正检视

谈及不同龄退休问题时，鲜有学者探讨这一制度对男性公平与否。男女健康状况相差无几，男性寿命短于女性，且差距呈扩大化趋势，但男性却比女性迟5~10年退休。从退休年龄和寿命来看，我国女性余寿可长达近三十年，而男性余寿最长不过二十年。就享受平等而言，这项制度对男性也显著不公。

该制度所面临的寿命问题已发生巨大变化，在制度建立之时中国人口的平均预期寿命男性仅为40岁，女性仅为42.3岁；现在我国平均寿命女性为77岁，男性为74岁。“在死亡水平较高的工业社会之前，女性死亡水平高于男性，但进入现代工业社会以后，随着现代医学的出现，因为育龄妇女死亡率的大幅下降，男性死亡率普遍高于女性……中国自20世纪60年代以来，出生期望寿命的性别差异也由1.5岁扩大到3.5岁以上，而且继续扩大的趋势明显，可以预见性别差距增速会更快。”[2]

在我国大量的关于退休年龄案件中，几乎全是女性提起诉讼。英国早在20世纪80年代就出现男性因不同龄退休而导致男女不同酬提起诉讼且胜诉的案件。[3] 当下中国鲜有男性以性别歧视为由提起诉讼，但绝不能证明中国男性没有受到此项制度的不公待遇。

在此做个思想实验即可一目了然：替换男女位置，女性寿命短于男

---

〔1〕 郑军：《论宪法学体系的构建和更新——以社会性别平等理念的融入为视角》，载《法学杂志》2014年第7期。

〔2〕 任强、郑晓瑛、曹桂英：《近20年来中国人口死亡的性别差异研究》，载《中国人口科学》2005年第1期。

〔3〕 刘明辉：《中外被退休案例中的平等诉求》，载《中华女子学报》2014年第2期。

性,且健康状况与男性差异无几,但却规定女性比男性迟5～10年退休,那么这项制度的最大可能后果是,早已因其严重侵犯女性权益而被扫进历史垃圾堆。但当男性处于这种境地时,却鲜有人认为它侵犯了男性的权益。原因主要在于,女性被视为弱者,男性被视为强者,尽管事实并非总是如此。笔者认为,中国之所以没有男性提起性别歧视的诉讼,实在是性别观念、法律观念和社会文明程度使然,让我们对这一有损男性权益的法律制度浑然不觉。

究其根源,世界上大多数的性别秩序都是由男性建构起来的,结果是男性享有特权,而女性却处于弱势地位。这是基本事实,甚至千百年间都是如此。但具体细节却并非如此。享有特权的男性也须付出高昂的代价,处于弱势地位的女性也有自己的武器。特权与弱势有很多不同的形式,性别之间的强弱关系格局可以转变,性别不平等的情况也不尽相同。性别平等议题不仅关乎女性权益,也关乎男性,更离不开男性的参与。千百年来女性被视为受害者,男性被视为受益人。世界范围内声势浩大的妇女解放运动和女权运动建构了"男权社会""父权社会"的观念,把男权判了死刑,并且强化了一种性别关系与性别的刻板印象——女性是弱者、受害者且是被男性压迫的,男性是强者、受益者且是压迫女性的。[1] 其实男女不平等不是男性压迫女性的问题,而是政治、经济和社会结构不平等的问题,只不过男性依然被视为既得利益主体而广被忽视罢了。

(一)从男女平等转向性别公正

笔者反对男女平等一说,不仅因为平等如今被人看作是一个肤浅的观念,正如沃尔泽指出"平等的根本含义是消极的"[2],而且男女平等一说中的"平等"观念可能会"引起冲突"[3]。男女之间不可能有完全的平等,因此以性别公正来考量则显得更加合理,以免去不必要的冲突。"男女平等"过于强调男女等同、均等。现代经济学研究表明,人与人之间适

---

〔1〕 [美]沃伦·法雷尔,《男权的神话》,孙金红译,世界图书出版公司2015年版,第6页。

〔2〕 [美]迈克尔·沃泽尔:《正义诸领域——为多元主义与平等一辩》,褚松燕译,译林出版社2002年版,第3页。

〔3〕 [美]罗纳德·德沃金:《至上的美德》,冯克利译,江苏人民出版社2003年版,第142页。

当的不平等关系是一种互补性关系，对大家都有好处，而绝对平等会导致整个社会的普遍贫困。作为基本国策被倡导的“男女平等”观念更是流于形式和口号，“文革”时期，因为过分追求男女平等而不顾女性特质塑造出一些“铁娘子”形象。这尽管达到了某些形式上的平等，但无疑对女性的身心造成了极大的伤害，它在很大程度上意味着男女平等理论的困境和破产。必须承认男女天然不平等，男女也不可能有绝对等同、均等的平等。女权主义法学也为性别平等究竟是何种平等争论不休。为了避开性别形式平等的陷阱、绝对平等还是相对平等的泥潭，突破男女平等的局限性，实现性别公正（Gender Justice）的价值诉求，我们需要从男女平等转向性别公正。

在当代法学界对于正义理论的批判，最具代表性的当属凯尔森。他认为，正义的价值必须取决于一个标准，才能有正义或不正义可言。由于正义没有客观标准，因此谈论正义或不正义就没有意义。[1] 但如果没有一个正义观念，我们如何判断制度之优劣？就此问题，哈耶克曾一针见血地指出，虽然法律实证主义成功地证明了关于正义的实证性标准不存在，但法律实证主义却错误地进一步主张客观的正义标准也不存在。即使我们不坚持正义必须具有实证性标准，还是可以根据正义评价法律规则系统的发展，以消除不正义的现象。我们不具有评判正义的肯定性标准（positive criteria of justice），但是我们却确实拥有一些能够告知我们何者是不正义的否定标准（negative criteria）。对不正义所做的这样一种检测（a test of injustice），足以告知我们必须朝哪个方向去发展一个业已确立的法律系统。[2]

但转型中国的当下，由于社会阶层分化和性别分化使人们认识到男女平等不仅仅是性别不平等的问题，自20世纪90年代开始，中国学界对男女平等的讨论逐步转向性别公正，性别平等理论由此走向黄昏。其理论转向的背景是在社会不平等加剧的过程中，“‘社会公正’成为关键词，

---

〔1〕 转引自何建华：《基因歧视与法律对策之研究》，北京大学出版社2004年版，第93页。

〔2〕［英］哈耶克：《法律、立法与自由》，邓正来、张守东、李静冰译，中国大百科全书出版社2000年版，第65页。

而‘平等’却变得越来越模糊。”[1]笔者认为，性别公正是社会公正的一部分，与其他社会公正议题无甚区别。亚里士多德很早就指出，正义是与个人有关的某种实体，而平等则必须是同等人的平等。因此考量男女退休制度的标准应该是公正而非平等。“性别公正所蕴含的实质内容也是个性自由、人格和机会平等、权利与义务的平等与差异以及补偿价值原则的体现。性别公正的实现需要深层变革的社会心理结构、建立性别公正意识的价值导向、法律和政策的保障以及建立以保障两性‘能力’发展的合理公正的分配制度。”[2]

从男女平等的视角研究退休制度，其弊端之一是，长期以来研究者都把目光局限于女性，以男性为标准来衡量公平与否，却极少考量男性利益及男性自身是否得到公正待遇。我国宪法关于性别平等问题的规定就是典型一例，第48条规定：“中华人民共和国妇女在政治的、经济的、文化的、社会的和家庭的生活等各方面享有同男子平等的权利。国家保护妇女的权利和利益，实行男女同工同酬，培养和选拔妇女干部。”我国“女子享有与男子平等的权利”，这与大多数国家的法律表达（“男女平等的享有……权利”或“男女平等享有权利”）颇为不同。[3] 后者是说男女以一个共同、客观标准为标准；而我国宪法明显是以男性的权利为标准，实则是以男性标准对女性进行改造。以男性权利为标准的平等观，无视男女差异会导致新的性别不公问题。以男性权利为标准的性别平等观也有违公允、中立、公正的法之精神，此种法律具有强烈的无视男女差异的男性中心主义色彩。

因此，在如何构建合理的男女退休制度以实现性别公正问题上，我们必须打破男性中心主义的法律传统，也要避免褊狭的女权中心主义的陷

[1] 闵东潮、刘薇薇：《质疑挑战反思——从男女平等到性别公正》，载《妇女研究论丛》2010年第5期。

[2] 杨丹：《性别公正——女性主义研究的现代理念》，载《学术论坛》2008年第9期。

[3] 例如：(1)德国在其宪法第3条规定：法律面前人人平等；男女享有平等的权利；任何人都不得因为性别、门第、种族、语言、籍贯和血统、信仰、宗教或政治观点而受歧视或优待。(2)意大利在其宪法第3条第1款规定：全体公民，不问其性别、种族、语言、宗教、政治信仰、个人地位及社会地位如何，均有同等的社会身份，并在法律面前一律平等。(3)日本在其宪法第14条规定：一切国民在法律面前一律平等。在政治、经济以及社会的关系中，不得因人种、信仰、性别、社会身份以及门第不同而有所差别；不承认华族及其他贵族制度。

阱，秉着法律的公平、正义原则，根据男女实际情况设置考量标准。性别公正理念摒弃女权主义的褊狭立场，也有助于在公共领域实现去性别化、性别模糊化以避免性别麻烦。相比男女平等，性别公正更像是罗尔斯笔下的“无知之幕”，避免立场决定脑袋，避免性别刻板印象先行，避免隐形歧视，此种“程序”意义上的设置更有利于公正合理地实现实质性的性别公正。

“性别正义并非仅仅是基于男性和女性之性别机械划分基础上的非此即彼二元对立思维范畴内的公正诉求，也不应该仅仅止步于基于多元差异身份之划分基础上的碎片化的话语公正诉求，而应该是基于处于特定社会经济、政治关系中，置身于特定的性别劳动分工框架之中的现实的‘人’的公正诉求。”[1]性别公正对男女应均等适用，如此才能解除性别意识形态下的性别、身份的束缚，因为男女首先都是基本的全面而自由发展的人，其次才是有着性别特质的男人或女人。

强调性别公正而非男女平等，与罗尔斯的无知之幕同意，首要目的是保证在“等者等之”的范围内，做到性别无涉，避免性别刻板印象和性别歧视。性别公正的理念应在一定程度上淡化性别差异，“等者等之”，以免过度性别分类带来的性别麻烦，以此超越性别本质论和二元论，并借此解除对男女的性别束缚。因为无论男女，首先都是人，其次才是男人或者女人，都有作为人而享有基本权利，即首要的是保障男女双方的基本人权。将男女性别不公问题纳入在普遍人权议题并将性别模糊化，能避免因强调性别差异而导致的社会性别分工的固化。

（二）男女退休年龄如何设计才能达到性别公正

在性别学研究领域，男性或是不存在的，或是作为参照系反衬女性不幸的存在，以男性的优势对比女性的劣势，却极少用男性的劣势对比女性的优势。但根据常识，我们无法不承认男性在获取更多资源时承担更多的风险。现代医学认为生活方式（诸如社交、应酬、工作压力等）导致男性死亡率高于女性，就是男性付出的代价。因此，“性别公正原则要求反思性别间有形、无形的权力关系。社会性别与性别公正的理念可以被用于

---

〔1〕 谭琳、姜秀花主编：《全面建成小康社会与性别平等》，社会科学文献出版社 2014 年版，第 343 页。

分析政策文本、政策的制定于执行过程或政策的效果”。[1]

从生命周期视角来看,男性比女性的工作年限长,男性获得更多的社会资源,就此而言,女性应该且能够获得与男性相当的资源,这就要求制度保障男女同龄退休。通过提高女性退休年龄,实现男女在工作生命周期内达到平等。

然而,因为女性余寿普遍比男性长,在退休生涯中,从福利平等的角度,用余寿来衡量男女享受福利的平等时,现行退休制度是对男性极大的不公。而女性早于男性退休,女性领取的退休金将持续低于男性,现已出现的女性贫穷化现象则会变得更加严重。

因此,笔者认为在推行延迟退休制度时,应先行提高女性的退休年龄,保障女性在工作年限内获得与男性同等的资源,实现公共领域的性别公正。且不妨让男性的退休年龄低于女性,以保障退休生涯里的福利平等,这在某种意义上是对私人领域性别公正的制度性保护。正如德沃金在《至上的美德》中所分析的,个体关于何为“享受的平等”的看法是不同的。因此,在退休年龄问题上,建议采用弹性退休制,正视并尊重男性提前退休的意愿。

四、男女退休年龄缘何事关私域的性别公正

如上所述,男女不同龄退休的根源之一是性别分工。在转型社会,当为女性拆除早于男性退休这一职业天花板时,我们需要重新审视当下公共领域和私人领域的性别分工对退休制度的影响。只有保障了女性在工作生涯中与男性享有同等的获取资源的条件,男女同龄退休才有意义。否则,男女同龄退休将如同一纸具文。

(一)转型中国的退休年龄与性别分工密切相关

“可以预见,一个婚姻伴侣,无论她是工人、退休者还是家庭主妇,都会影响其丈夫的退休决定。然而,退休行为理论模型中这种相互依赖性几乎没有考虑进来,实证研究中也忽略了它。”[2]斯言诚哉。也正如阿玛

---

[1] 柯婧婷主编:《中国妇女发展二十年:性别公正视角下的政策研究》,社会科学出版社2015年版,第8页。

[2] [美]Henry J. Aaron 编著:《退休经济学——应用与实证》,王泽英、耿树艳等译,中国劳动社会保障出版社2008年版,第194页。

蒂亚·森所言:“公正最终是与人们的生活方式相关,而非仅仅与周遭的制度相关。”[1]因为如果只追求公共领域的性别公正而无视私人领域,则可能因私人领域性别不公带来更严重的社会问题。

退休意味着从公共领域转向私人领域,理解男女如何在此处境中进行合作性博弈,要求我们对现行公私领域的性别分工中一探究竟。女性早于男性退休被视为女性职业发展中看得见的天花板,但我们不应把目光仅局限在这一法律制度的考察,否则就犯了“头痛医头,脚痛医脚”之大忌。

1. 公共领域的性别分工现状对退休年龄与性别公正的影响

在公共领域,社会学研究已经发现,因为社会转型和产业结构变化,“全部职业的性别隔离程度自 1982 年至今持续上升……职业内部的男女构成趋向平衡分布”。[2] 尽管相比男性,女性较多处于副职地位。女性早于男性退休是其原因之一,限制了女性发展。公共领域已然是女性重要的社会生活领域,男女在职场的不公正问题演变得更加激烈。

然而,中国式育儿和养老加重了女性的家务劳动负担,但“已婚女性的工作时间与绝对收入的增加可以显著地帮助她们减少家务劳动时间”。[3] 已有研究表明,我国已婚女性的家务劳动时间与其在劳动市场的工作时间呈负相关,女性承担的家务劳动也随着年龄增长而增加。男女在职业和收入上的不平等可能在很大程度上与家庭内部的劳动分工相关。[4] 这意味着女性到退休的年龄时,更多的时间和精力是放在家庭,这也是一部分人反对男女同龄退休的原因。如果这一家庭分工现状不能改变,女性回家后继续上第二轮班,男女同龄退休将会加重女性的劳动量。

2. 私人领域的性别分工现状对两性获得资源机会之影响

2001 年第 2 期的中国妇女社会地位调查显示,家务劳动依然主要由

---

〔1〕 [印]阿玛蒂亚·森:《正义的理念》,王磊、李航译,刘民权校对,中国人民大学出版社 2013 年版,第 4 页。

〔2〕 李汪洋、谢宇:《中国职业性别隔离的趋势:1982—2010》,载《社会》2015 年第 6 期。

〔3〕 於嘉:《性别观念、现代化与女性的家务劳动时间》,载《社会》2014 年第 2 期。

〔4〕 闵东潮、刘薇薇:《质疑挑战反思——从男女平等到性别公正》,载《妇女研究论丛》2010 年第 5 期。

妇女承担，与1990年相比，城乡男女两性每天用于家务劳动的时间均有不同程度的降低，但由女性为主承担家务劳动的格局仍未改变。[1] 2010年第3期的中国妇女社会地位调查表明，72.7%的已婚者认为，与丈夫相比，妻子承担的家务劳动更多。[2] 全国妇联和国家统计局在1990～2010年间的第3期中国妇女社会地位调查数据显示，全国女性不在业率在20年间从9.5%上升到29.1%，但男性不在业率仅上升了8.9%。[3] 用2010年"六普"分性别数据可以看到，排在女性不在业的影响因素第一位的是料理家务，而男性不在业的第一位因素是退休或内退。在因承担家庭照料责任而未能就业的女性中，73.3%的女性需要照顾孩子，26.4%的女性需要照顾老人、病人，20.6%的女性既有孩子又有老人、病人需要照顾。[4] 72.7%的已婚者认为，与丈夫相比，妻子承担的家务劳动更多；女性承担家庭中"大部分"和"全部"家务的比例均高于72.0%，而男性均低于16.0%。女性承担"辅导孩子功课"和"照料老人"主要责任的占45.2%和39.7%，分别比男性高28.2和22.9个百分点。目前被访者3岁以下孩子由家庭承担照顾责任的占99.9%，其中，母亲作为孩子日间主要照顾者的占63.2%。[5]

上述数据男女对比之悬殊令人愕然。在市场经济导向的劳动就业市场中，承担着家务重任的女性自然会受到排斥，企业对女性的歧视偏好并非毫无缘由。家务劳动依然主要由女性承担且没有相应的补偿机制时，女性在私人领域的权利照样难以得到保护，受限于私欲生活的牵绊，女性在公共领域的职业发展环境远不如男性。

曾获诺贝尔经济学奖的加里·贝克尔在《家庭论》中分析道："妇女主要在提高家庭效率，尤其是生儿育女的人力资本上投资，因为她们把大

---

〔1〕 全国妇联、国家统计局：《第三期中国妇女社会地位调查主要数据报告》，2011年10月21日。

〔2〕 全国妇联、国家统计局：《第三期中国妇女社会地位调查主要数据报告》，2011年10月21日。

〔3〕 蒋永萍：《社会转型中的中国妇女社会地位》，中国妇女出版社2011年版，第134页。

〔4〕 谭琳、姜秀花主编：《全面建成小康社会与性别平等》，社会科学文献出版社2014年版，第119页。

〔5〕 第三期中国妇女社会地位调查课题组：《第三期中国妇女社会地位调查主要数据报告》，载《妇女研究论丛》2011年第6期。

部分时间都花在这些活动上。同样,男人主要投资于提高市场效率的人力资本,因为他们把大部分劳动时间都花在市场活动上。专业化投资的这种性别差异,加深了市场和家庭部门之间生物学意义上产生的性别分工,还极大地增加了区分男女之间大量分工的环境原因和生物原因的困难。"[1]贝克尔继续分析,这种社会性别分工,"已婚男人的市场工资率会超过已婚妇女的市场工资率,其部分原因在于,妇女投入家庭的时间和人力资本较多。妇女的工资率较低,其部分原因至少在于,她们对市场人力资本的投入较男人少,而妇女家庭时间的生产率比男人高,其部分原因在于她们投入家庭的资本比男人多"。[2]

虽然贝克尔的分析是基于美国的数据,从数据对比来看,中国妇女对家庭的人力资本投入比美国妇女有过之而无不及。经济收入影响社会地位,一个人的社会地位是其防护罩,所以为了保护法律不便涉足的私人领域的性别平等,法律要做的就必须是提高保护女性在公共领域的权利和社会荣誉,促进其在私人领域的性别地位的提高。

(二)个体观念的性别分工与性别公正的关系

社会学大师涂尔干认为,"分工不仅能够展现出我们的道德特征,也可以逐渐成为社会团结的本质条件"。[3] 分工也产生道德价值,分工甚至是社会道德秩序的基础,个人人格的进步与分工的进步是一脉相承的,分工与整个道德生活之间存在密切的关联。[4] 从近年热词"剩女"即可管中窥豹,社会主流观念仍认为女性的价值在于婚姻家庭,带有贬义的"剩"字可见性别分工对女性群体的道德评价的影响。传统社会认为女性一般只处理次一等的事物,公共领域不是女性的立足之地,这是数千年来"女主内"的性别分工和性别等级观念。当前女性就业中存在的社会歧视

---

〔1〕 [美]加里·斯坦利·贝克尔:《家庭伦》,王献生等译,商务印书馆2005年版,第52页。

〔2〕 [美]加里·斯坦利·贝克尔:《家庭伦》,王献生等译,商务印书馆2005年版,第54页。

〔3〕 [法]埃米尔·涂尔干:《社会分工论》,渠东译,生活·读书·新知三联书店2000年版,第358页。

〔4〕 [美]加里·斯坦利·贝克尔:《家庭伦》,王献生等译,商务印书馆2005年版,第360~362页。

导致焦虑心理,社会偏见导致自我定位偏差,形成自卑或失落心理。[1] 这些观念将女性牢牢地束缚在私人领域——家庭,而男女在私人领域分工的不平等使家庭成为不平等的永久性资源。

笔者并不赞同将家庭劳动过于金钱化处理,因为家庭劳动中存在大量的情感劳动。[2] 家庭作为重要的私人领域,虽然存在性别分工不平等问题,但笔者认为解决途径是促进男性参与家庭劳动和情感劳动,因为法律手段和经济手段都可能侵蚀人类情感和亲密关系。对于私人领域的性别公正观念之厚植,只能通过性别分工正义和性别公正教育工作来进行。

真正的社会公正就应是公共领域和私人领域的全面公正。公私领域的二元对立划分导致人们重视公共领域的性别,却因忽视私人领域的性别公正而导致价值观的冲突和撕裂。家庭作为中国人重要的安身场所,如果不建立性别公正的善良风俗,那么女性依然难以安身。值得注意的是,公私领域的道德是不同的。教育是改良观念土壤之利器,因此,私人领域的性别公正理念最好的推动力是教育。

五、结语

在现阶段,欲实现男女同龄退休的实质正义,既要保障男女享有获取资源平等之机会,则须实现男女在公私领域的分工正义。面对这一社会系统工程,我们寄望于宪政事业建设。国家应提供公正的社会制度架构以纠正、清除性别不公正的法律制度、道德观念及社会分工。性别公正是追求公正、平等、自由价值的宪政制度的题中应有之义,也是全人类的家庭及社会的福祉。社会发展与性别公正相互促进,而现代市场经济与社会性别公正之互动发展,需要宪政制度为基石。

然而,徒法不足以自行,制度存在惰性。现行退休制度携带着强大的传统习俗和制度观念。“没有人格的转变,社会的转变是不可思议的。”[3] 性别公正的实现需要深层心理结构乃至人格的改变,诸如几千年

---

〔1〕 颜峰,胡文根:《从性别正义看女性就业心理调适》,载《求索》2010 年第 2 期。

〔2〕 马冬玲:《情感劳动——研究劳动性别分工的新视角》,载《妇女研究论丛》2010 年第 3 期。

〔3〕 [德]卡尔·曼海姆:《重建时代的人与社会——现代社会结构研究》,张旅平译,译林出版社 2011 年版,第 4 页。

来男尊女卑、男强女弱的性别歧视观念和文化,乃至深入精神细微处的自我规训。一方面,性别文明程度不断提高,女性争取自由、权利和尊严的运动空前高涨;但在另一方面,社会上沸腾的消费主义使男权糟粕借势沉渣泛起,宣扬女性回归附属地位以摆脱现实困境,物化人和人的自我物化现象依然普遍存在。这些新旧观念的碰撞正是中国性别观念转变和混乱的明证。公正观念的厚植需要从小教育,有关于此,可借鉴我国台湾地区的"性别平等教育法",它"促进性别地位的实质平等,消除性别歧视,维护人格尊严,厚植并建立性别平等的教育资源和环境"[1],可谓典范。

破除广泛存在于各个领域的性别歧视,重构传统的社会分工关系格局,女性在公共领域的才能和成就获得像男性一样的认可度,男性在私人领域的悟性与造诣才能够获得像女性一样的肯定,在此基础上的男女同龄退休才算真正实现了性别公正。社会分工关系格局之重构,不仅会带来公共领域的性别公正,也必将促进私人领域的性别平等。在此等男女性别公正的社会背景下,男女同龄退休也将水到渠成,成为社会公正制度的一个有机组成部分,而整个社会的伦理与道德观念将由此而与时俱进。

---

〔1〕 刘小楠:《港台地区性别平等立法及案例研究》,法律出版社 2013 年版,第 9 页。

案例研读

就业中的性别认同歧视域外案例研究及启示

刘明珂*

摘　要：目前我国尚未有任何规制就业中性别认同歧视的法律法规，但在司法实践中已经出现了这样的案例。本文以案例研究为方法，在介绍我国“跨性别就业歧视第一案”的基础上，考察域外案例。当立法并未明确纳入时，司法机关可以通过对“性别歧视”进行解释链接性别认同歧视；当立法明确纳入性别认同歧视时，跨性别者的就业权利会得到更为直接的保护。这些域外经验为中国相关案件的审理及相关制度的构建提供了参考，在两种保护路径中，后者能够为跨性别者提供更周延的保护。

关键词：性别认同；就业歧视；性别歧视；跨性别

我国目前没有对我国跨性别人群数量的官方统计，

---

* 刘明珂，同语法律项目研究员，北京大学法学学士，SOGIE 权益。感谢同语主任徐玢，廖爱晚，以及美国、欧洲、新西兰、匈牙利案例的提供者为本文做出的重要贡献。

根据国外的研究,总人口中大约有1%是跨性别者。[1] 按照这个比例,中国至少有1300万跨性别者。由此可见,我国跨性别者虽然属于少数群体,但绝对数目很大,而我国法律在与跨性别者相关的诸多事项上缺乏明确的规定,导致跨性别者的权利难以得到保护。诸多权利之中,就业是民生之本,就业权利是人权中不可分割的一部分。[2] 从这个意义上说,这一"跨性别就业歧视第一案"值得我们引起重视。本文试从案例研究的角度,借鉴域外经验,以期找到保障跨性别者就业权利的司法及立法进路。

一、案例介绍

(一)基本案情

2015年4月21日,C先生(化名)入职贵阳慈铭健康体检中心(以下简称慈铭公司)担任销售职位,在未签订任何劳动合同的情况下,于同年4月29日被慈铭公司辞退。C先生生理性别为女性,自我认同为男性,是一名跨性别者。[3] C先生认为自己在慈铭公司工作期间表现良好,其遭到辞退的原因是因为慈铭公司认为其"穿着和行为举止男性化将影响公司形象"。[4]

(二)仲裁和诉讼

2016年3月7日,贵州省贵阳市云岩区劳动仲裁委员会受理了申请人C先生提起的针对被申请人慈铭公司的就业歧视劳动仲裁申请。申请人认为对方是基于对自己性别认同的歧视而解除劳动合同的,从而请求劳动仲裁委员会确认被申请人的行为违法,并返还拖欠工资、赔偿因此造成的经济损失。5月10日,贵阳市云岩区劳动人事争议仲裁委员会向C先生送达裁决书:慈铭公司在裁决生效十日内支付C先生工资402.3元,同时驳回C先生其他请求。

申请人对该仲裁结果不满意,并依法向法院提起劳动争议纠纷诉讼。

---

〔1〕 联合国开发署等:《亚太跨性别健康蓝图:为亚洲及太平洋地区跨性别者及其社群提供完善照护之构想》,2015年。

〔2〕 参见《消除对妇女一切形式歧视公约》(GCHIJ)第11(1)(a)条。

〔3〕 跨性别者即所认同的性别和出生时被指派的性别不同的人们。关于这一概念的详细定义请见下文。

〔4〕 C先生诉贵阳慈铭健康体检中心有限公司案判决书,第9段(贵州省贵阳市云岩区人民法院,2016年)。

2016年6月17日，贵州省贵阳市云岩区人民法院首次开庭审理了本案，由于需要对证据进行鉴定，法院暂时休庭。2016年12月18日，法院做出判决，由于被告未与原告签订书面劳动合同，被告所举证据不能证明双方之间约定明确的合同试用期，因此认定双方为正式劳动合同关系。此时，被告解除与原告劳动关系须符合《劳动合同法》第39条、第40条规定的情形，而被告所举证证据不能认定原告有该两条所列举的情形，因此支持了C先生关于拖欠工资和违法解除劳动关系的2000元经济赔偿金，但未认定是基于对其跨性别身份的歧视。

2017年4月20日，C先生诉慈铭公司一般人格权案首次开庭。原告C先生请求法院判令被告向原告书面公开赔礼道歉，并赔偿原告精神损害抚慰金。C先生在一篇文章中表示："我不是为了钱才打这个官司的……我们的诉求从始至终就是要被告公司就其歧视我的行为进行道歉，没有道歉我们就不会停下脚步。"[1]

法院未当庭作出判决。

(三)争议焦点

慈铭公司解除与C先生的劳动关系是否构成对其跨性别身份的就业歧视；基于性别认同和/或性别表达的歧视是否构成中国法律上禁止的性别歧视。[2]

二、性别歧视与性别的概念

(一)我国法律对性别歧视的一般性认定

我国国内法尚未对性别歧视做出定义，中国加入的《消除就业和职业歧视公约》第1条规定："一、就本公约而言，'歧视'一词包括：(一)基于种族、肤色、性别、宗教、政治见解、民族血统或社会出身等原因，具有取消或损害就业或职业机会均等或待遇平等作用的任何区别、排斥或优惠……"在我国已经批准的联合国《消除对妇女一切形式歧视公约》第1条亦有"对

---

[1] 《全国首例跨性别就业歧视案人格权诉讼开庭》，载http://mp.weixin.qq.com/s/OaQJXu0XcvcYZPcEXbNnjg，2017年6月29日访问。

[2] 该两个争议焦点实际涉及两个问题，第一个问题涉及歧视的认定，主要与证据等相关；第二个问题涉及对性别认同是否能够作为中国法上的禁止歧视的事由，本文主要讨论第二个问题。

妇女的歧视”的定义,即“基于性别而作的任何区别、排斥或限制,其影响或其目的均足以妨碍或否认妇女不论已婚未婚在男女平等的基础上认识、享有或行使在政治、经济、社会、文化、公民或任何其他方面的人权和基本自由”。上述两国际公约是我国在认定性别歧视时的重要参照。

具体到司法实践中,近年来,我国法院在涉及就业性别歧视的案例上已经有了一定的突破。例如,“邓某某诉某速递公司、某劳务公司一般人格权纠纷案”(又称为“马户诉北京邮政就业性别歧视案”)入选“最高人民法院关于弘扬社会主义核心价值观典型案例”,对司法实践有重要的指导作用。本案中,邓某某应聘某速递公司投递员的职务,但对方以邓某某为女性为由拒绝录用。法院没有认可某速递公司提出的快递员不属于国家规定的不适合妇女的工种或者岗位的抗辩,判决赔偿邓某某经济损失及精神损害抚慰金 2000 元。在最高人民法院对于该案的评析中,认为“在招聘单位仅仅以性别原因拒绝录用应聘者的情况下,招聘单位就构成了侵权,对由此而给应聘者造成的直接经济损失应予以赔偿,同时招聘单位的拒录行为客观上也给应聘者造成了一定的精神损害,对于应聘者主张的精神损害抚慰金可根据招聘单位的过错程度以及对应聘者造成的损害后果酌情确定”。〔1〕

该案虽然并不涉及性别认同,但最高人民法院的评论措辞是值得思考的。何为我国法律中禁止歧视的“性别”?所谓“因为性别原因”又该怎样理解呢?用人单位因为其性别认同或性别表达的原因而对当事人进行区别对待,是否也是“因为性别的原因”呢?这些问题与本文的研究内容是非常相关的。

(二)跨性别相关概念

“性别”这一概念本身是复杂的,在英语中,有 sex(生理性别)和 gender(社会性别)的区分。前者指解剖学意义上的性别;后者是性别的社会建构和文化意义上的,主要体现在性别角色上,例如男性阳刚,女性阴柔。

虽然社会性别仅区分了男女,但实际上人类的性别呈现十分多元的

〔1〕《最高人民法院关于弘扬社会主义核心价值观典型案例》,载《人民法院报》2016 年 8 月 23 日。

样貌:从生理性别上来说,存在间性人(intersex)群体,他们是"先天的生理性别特征(如染色体、性腺和生殖器)被认为亦男亦女、男女参半、或不男不女的人"。[1] 但对世界上绝大多数社会而言,间性状况是"不被接受"的,因为每个人都有着一个指派性别(sex assigned at birth),即"一个人在出生时或出生后短时间内被指派的某种性别"[2]。对于间性人来说,即使其生理性别并不属于典型的女性或者男性,仍然会被指派为女或男其中的某种性别,这一性别标记被填写在出生证明等一系列法律文件上,成为这个人的法定性别。与之相关的,是跨性别(transgender),即"所认同的性别和出生时被指派的性别不同的人们"[3]。举例来说,本案中的原告C先生,其生理性别和指派性别均为女性,但其自我认同为男性,这样的情况被称为跨性别男性(trans man)。需要特别注意的是,跨性别并不等于变性人。根据英国《性别歧视(性别转换)规则》,"性别转换"(gender reassignment)指"在医务监督下,通过改变生理性别或其他性别特征以达到转换其生理性别为目标的一个程序"。[4] 然而并非所有的跨性别者都有进行性别转换的需求,也并非所有的跨性别者都会完成全部的性别转换手术。

还需要特别注意的是,性倾向与性别认同是截然不同的概念,两个同样指派性别为女性、被女性所吸引的人,一个性别认同是男性,另一个性别认同为女性,则前者是一个跨性别男性异性恋者,后者是一个女同性恋者。

三、就业中的性别认同歧视域外案例研究

我国法律并未规定禁止性别认同歧视,而是只规定了禁止性别歧视,这就给本文开头的C先生案带来了法律适用的困难。这一案件被称作"中国跨性别就业歧视第一案",此前也并无类似的案件走上法庭。因此,

---

〔1〕 联合国开发署等:《亚太跨性别健康蓝图:为亚洲及太平洋地区跨性别者及其社群提供完善照护之构想》,2015年。

〔2〕 联合国开发署等:《亚太跨性别健康蓝图:为亚洲及太平洋地区跨性别者及其社群提供完善照护之构想》,2015年。

〔3〕 联合国开发署等:《亚太跨性别健康蓝图:为亚洲及太平洋地区跨性别者及其社群提供完善照护之构想》,2015年。

〔4〕 The Sex Discrimination (Gender Reassignment) Regulations 1999.

我们不妨将目光投向国外,考察一下类似案件的域外经验。

(一)立法未明文纳入性别认同歧视

在很多国家,性别认同与表达并非一开始就被囊括在反歧视法禁止歧视的范围之内,跨性别者面临的就业歧视也并非一开始就在人们的视野之内。随着社会整体对跨性别认识的科学化和深化,人们逐渐认识到就业领域对跨性别者存在着歧视现象,然而在立法并未明确的背景下如何为跨性别者提供保护是司法机构面临的一个重要的问题。幸运的是,反就业歧视的相关法律从开始一般都会有禁止性别歧视的条款,各国(及地区)的司法机构于是从"禁止性别歧视"的角度出发,尝试对此进行解释,以图保障跨性别者的就业权利。

1. 美国经验:将性别歧视扩大解释为包含基于性别刻板印象的歧视

《1964 年民权法案》第七章(Title VII of the Civil Rights Act of 1964)是美国联邦层面最为重要的反就业歧视法律渊源,其规定"禁止基于种族、肤色、宗教信仰、性别和宗源国的歧视"。由于没有明确将性别认同纳入禁止歧视范围,法院面临着在就业领域是否以及如何保护跨性别者的问题。

20 世纪 70 年代和 80 年代的美国联邦法院对于《民权法案》第七章中的"性别"歧视采取限缩解释,即认为只包括生理男性和女性,跨性别者不受该章的保护。例如,在尤兰诉东方航空公司(Ulane *v.* E. Airlines, Inc.)一案中,尤兰于 1968 年以男性飞行员身份受雇于东方航空公司直到 1980 年,在完成性别转换手术后被公司开除。第七巡回法庭审理认为,民权法案第七章中的"性别"字面通常含义仅仅是禁止"因为女性身份而歧视女性、因为男性身份而歧视男性"[1]。

上述情况在著名的普华诉霍普金斯案(Price Waterhouse *v.* Hopkins)[2]中发生了改变。该案中,女职员安·霍普金斯(Ann Hopkins)业绩卓著,仅仅因为她的上司们认为她的行为举止和穿衣打扮过于男性化,不符合人们对女性的传统印象而在申请晋升合伙人时受阻。一位公司的高级合

---

〔1〕 Ulane v. E. Airlines, Inc., 742 F. 2d 1081, 1085 (7th Cir. 1984); Sommers v. Budget Mktg., Inc., 667 F. 2d 748, 750 (8th Cir. 1982); Holloway v. Arthur Andersen & Co., 566 F. 2d 659, 662 (9th Cir. 1977).

〔2〕 Price Waterhouse v. Hopkins 490 U. S. 228 (1989).

伙人告诉她，作为女性，她应该“像女人一样走路，像女人一样说话，像女人一样打扮，化化妆，做做发型，戴些珠宝首饰”。联邦最高法院认为，这些言论足以构成《民权法案》第七章所禁止的性别歧视。被告拒绝霍普金斯的申请不是因为她的女性身份，而是因为她没有符合她的上司们认为的女性应有的形象和举止的印象。联邦最高法院认为《民权法案》第七章不仅禁止基于“性别”的歧视，还禁止基于“某人没有表现出他/她的生理性别特质”的歧视，联邦最高法院将其定义为禁止基于“性别角色刻板印象”(gender role stereotyping)的歧视。这一解释实际上是对“性别歧视”进行了扩大解释。

本案当事人虽然不是跨性别者，但联邦最高法院在案件中确立的原则为日后跨性别者寻求保护提供了依据。自本案之后，法院认为某人因性别不驯行为而有悖于雇主的性别刻板印象进而遭受雇主的区别对待时，雇主的行为构成歧视。例如，在史密斯诉塞勒姆市(Smith *v.* City of Salem)案中，联邦第六巡回法院进一步指出“不论造成这种性别不驯行为的原因是什么——例如‘跨性别者’这样一个标签——并不意味着其性别歧视的主张不能成立”[1]。也就是说，性别歧视的成立不再建立在“因为女性身份而歧视女性、因为男性身份而歧视男性”的逻辑之上，当事人的性别身份不再重要，“性别歧视的背后是对性别的刻板印象”的逻辑建立起来。[2]

2. 欧洲经验：通过对反就业歧视法进行目的解释以保护跨性别者

欧盟法律在早期同样面临着性别认同歧视是否可以被纳入性别歧视的范畴这一问题。1996 年，在一件里程碑式的案件中，欧洲法院(European Court of Justice)专门就这一问题作出了回应。

1996 年，英国工业仲裁委员会(Industrial Tribunal)提请欧洲法院关于 P 诉 S 和康沃尔郡(P *v.* S and Cornwall County)一案进行初步裁决(preliminary ruling)。[3] 该案中，原告 P(生理男性，跨性别女性)在被告下属的一家教育机构担任经理，后 P 告知该机构主管 S 她决定进行性别

---

[1] Smith v. City of Salem, 378 F. 3d 566, 575 (6th Cir. 2004)

[2] McCarthy B P, Trans Employees and Personal Appearance Standards under Title VII, *Ariz. L. Rev.*, 2008, 50, p. 939.

[3] Judgment of 30. 4. 1996 — Case C－13/94 P. v S. and Cornwall County Council.

转换手术,在其进行手术之后遭到被告的解雇。工业仲裁委员会认为,由于根据英国法律,P 仍然被认定为男性,所以 P 的这一情形不能适用《1975 年性别歧视法》(Sex Discrimination Act 1975)——因为该法案仅适用于男性和女性因为自身性别本身而遭受了歧视性的、较差的对待。工业仲裁委员会也不确定 P 的这一情形是否可以适用 1976 年《男女平等待遇指令》(EU Equal Treatment Directive[1])(以下简称《指令》)。

本案的特殊之处在于,原告遭受歧视性对待并非因为其自身的性别,而是因为其即将、正在或者已经进行性别转换这一行为。欧洲法院从目的解释的角度出发,认为(1)《指令》确定的原则在于平等对待男性和女性,这一原则体现在其标题中,也在第 2 条第 1 款和第 3 条第 1 款中予以强调:“不得因性别进行任何形式的歧视”。因此,《指令》是一则关于在相关领域平等原则的宣示,这也是共同体法律的基本原则之一。(2)不受基于性别的歧视也是一项基本人权,法院有义务保障这项人权。[2] 综上所述,对《指令》适用范围的解释不能局限于基于特定性别的歧视,从该《指令》的立法目的和其意图保护的权利来看,该《指令》的适用范围应当包括某人因为性别转换而受到歧视。欧洲法院进一步提出,P 是因为性别而被歧视的,当一个人决定进行变性手术时,他或她遭受的歧视是基于其进行性别转换后的性别与其原生性别的对比。[3]

3. 美国、我国台湾地区、新西兰经验:直接将性别认同歧视视为性别歧视

(1)美国

在上述霍普金斯(Hopkins)一案中,法院并没有把跨性别者作为一个特定的类别(class)加以保护,禁止性别认同歧视仍然被包括在禁止性别歧视的内涵里。这一实践上的突破发生在施罗尔诉比灵顿(Schroer *v.*

---

〔1〕 Council Directive 76/207/EEC of 9 February 1976, on the implementation of the principle of equal treatment for men and women as regards access to employment, vocational training and promotion, and working conditions.

〔2〕 Case 149/77 Defrenne v Sabena [1978] ECR. 1365, paragraphs 26 and 27, and Joined Cases 75/82 and 117/82 Razzouk and Beydoun v Commission [1984] ECR 1509, paragraph 16.

〔3〕 International Commission of Jurists. Chapter three: Employment Discrimination, Accessed september 18, 2016. http://www. icj. org/sogi-casebook-introduction/chapter-three-employment-discrimination/#footnote-11.

Billington)[1]一案中。原告施罗尔(生理男性,跨性别女性)申请成为一名反恐研究专家,雇主承认其能力非常符合工作要求,但认为跨性别女性在接触军方或在国会作证时会"缺乏可靠性"。本案中,法院不再把针对跨性别者的歧视视为基于"性别角色刻板印象",而是判定因为跨性别者的跨性别身份而歧视他们就是《民权法案》第七章所禁止的"基于性别的歧视"。这一判例把跨性别者遭受的歧视直接纳入到"性别歧视"中,对这一群体的保护更加明确。

施罗尔案之后,很多法院认为《民权法案》第七章可以直接适用于保护跨性别者的性别不驯行为[2],一些法院进一步指出《民权法案》第七章禁止的"性别歧视"可以涵盖基于性别认同、性别表达和性别转换的歧视。[3]

此外,美国平等就业机会委员会(Equal Employment Opportunity Commission,EEOC)一致宣称:基于跨性别身份的歧视在《民权法案》第七章的性别歧视项下可视为是基于性别认同的歧视,性别歧视有多种多样的形式,包括性别表达不符合传统性别气质,进行了变性手术或正在进行变性手术,不喜欢某雇员自我认同为跨性别等。[4]

(2)我国台湾地区

台湾地区"就业服务法"第5条第1项规定"不得以……性别、性倾向……为由,予以歧视";亦有专门的"性别工作平等法",其中"第二章性别歧视之禁止"明确雇主对求职者、受雇者不得"因性别或性倾向而有差别待遇"。虽然台湾现有"法律"没有将对"性别认同"和"性别表达"的歧视明示列出,但在"劳工委员会"及司法实践中明确了跨性别者可以直接以受到"性别歧视"为由受上述诸法律保护。

在马偕医院诉"台湾行政院劳工委员会"一案[5]中,案外人周逸人

---

[1] Schroer v. Billington,577 F. Supp. 2d 293,308 (D. D. C. 2008).

[2] Chavez v. Credit Nation Auto Sales,2016 WL 158820 at *1 (11th Cir. 2016).

[3] Glenn v. Brumby, 663 F. 3d 1312, 1318 - 21 (11th Cir. 2011); Doe v. State of Arizona,2016 WL 1089743, *2 (Mar. 21,2016)

[4] 高文谦:《涉及 LGBT 的反就业歧视法比较研究》,载刘小楠主编:《反歧视评论》(第2辑),法律出版社2015年版,第139页。

[5] "财团法人台湾基督长老教会马偕纪念社会事业基金会马偕纪念医院诉台北市政府判决书",台湾台北地方法院,2013年。

(生理男性,跨性别女性)在马偕医院工作期间,改男装为女装,被告先将其由技术性工作调为庶务性工作,后以其缺勤违反雇佣合同为由予以解雇。周逸人申诉至"劳工委员会","劳工委员会"认为马偕医院虽然表面上以其他理由解雇周逸人,但内部电子签呈却一再对于申诉人之穿着打扮进行评议,且在周逸人改着女装之后,马偕医院对其同样的工作行为态度发生显著变化,因此认为上述工作调动及解雇均与申诉人着女装有一定之关联性,马偕医院的解雇行为涉及不正当动机。所以,根据"性别工作平等法"对马偕医院处以罚款新台币5万元。

后马偕医院对该结果提起行政诉讼,法院认同了"劳工委员会"的意见,并且认为,马偕医院未能证明周逸人存在工作疏失,但仍然执意以其擅自离开工作岗位为由将周逸人免职,"其真正之动机及意图,应认周逸人'服装打扮及行为举止相当女性化'造成原告人事管理困扰,又不欲依法资遣或对周逸人为更合适之职务调整"。所以马偕医院解雇周逸人"显系基于身着女装等女性倾向之因素,对其所为差别待遇,实已构成性别歧视",并据此驳回了马偕医院的诉请。

(3)新西兰

新西兰在1993年人权法案(Human Rights Act 1993)中明确了禁止基于性别和性倾向的歧视,但并没有明确跨性别者是否受到该法律保护。[1] 在2016年的一件涉及跨性别者的案件中,海明森(Hemmingson女士)(生理男性,跨性别女性)作为一名发型师受雇于斯旺(Swan)先生,她被后者解雇。劳动关系局(Employment Relations Authority,ERA)裁定[2]认为斯旺(Swan)先生在与海明森女士的会面上提出海明森女士的跨性别身份可能造成的对其工作和本人的不利影响,使海明森女士别无选择而离职。这种行为违反了劳动关系法案(Employment Relations Act)的善意义务要求,对海明森女士的解雇是不公平的。最终裁定支持了对海明森女士的工资补偿和精神损害赔偿。

---

[1] Human Rights Act 1993, 21 Prohibited grounds of discrimination (1) For the purposes of this Act, the prohibited grounds of discrimination are—(a) sex, which includes pregnancy and childbirth;... (m) sexual orientation, which means a heterosexual, homosexual, lesbian, or bisexual orientation.

[2] [2016] NZERA Auckland 212 5565264.

(二)立法纳入性别认同歧视

并不是所有的区别对待都构成法律上的歧视,反就业歧视法所明确的禁止歧视范围是为了区分非法的就业歧视和其他意义上的区别对待,使雇主的用人自主权和劳动者的平等就业权之间得到平衡。[1] 这样的范围也与法院的审查标准相关。因此,反就业歧视法所规定的禁止歧视范围是十分关键的一个概念,当立法明确将性别认同纳入禁止歧视范围时,司法机构可以为跨性别者提供更为直接的救济,而不需要再以上文所述链接"性别歧视"的方式给受害人提供保护。

许多国家(或地区)在法律中明示保护跨性别者。例如,欧洲的《2006 年性别平等指令》(Gender Equality Directive of 2006)明确将针对跨性别者的歧视纳入其中;[2]《欧洲人权公约》(European Convention on Human Rights)第 12 修正案作为对公约第 14 条禁止歧视条款的补充,大大扩展了保护群体的范围,即除了公约中列明的歧视原由之外,也禁止基于性倾向和性别认同等的一切与列明理由相当的歧视。[3] 英国《性别歧视(性别转换)规则》对性别歧视法加以解释,防止对跨性别者以性别为由在薪金及雇佣待遇和培训方面产生歧视。[4] 瑞典反歧视法案(Discrimination Act)明确将跨性别认同和表达(transgender identity or

[1] 卢杰锋:《就业中的性别认同歧视:美国经验及启示》,载《妇女研究论丛》2016 年第4 期。

[2] European Parliament and Council Directive 2006/54/EC of 5 July 2006, on the implementation of the principle of equal opportunities and equal treatment of men and women in matters of employment and occupation (recast), 5 July 2006, at Recital 3. 另见, EU Fundamental Rights Agency, Homophobia, transphobia and discrimination on grounds of sexual orientation and gender identity: comparative legal analysis (2010 Update), at 21。

[3] Protocol No. 12 to the Convention for the Protection of Human Rights and Fundamental Freedoms (ETS No. 177). Article 1-General prohibition of discrimination. 1 The enjoyment of any right set forth by law shall be secured without discrimination on any ground such as sex, race, colour, language, religion, political or other opinion, national or social origin, association with a national minority, property, birth or other status. 2 No one shall be discriminated against by any public authority on any ground such as those mentioned in paragraph 1.

[4] 饶志静:《英国反就业歧视法律制度研究》,载《环球法律评论》2008 年第4 期。

expression)与性别、种族、宗教等并列保护。[1] 美国《加州安鲁民权法案》(The California Unruh Civil Rights Act)禁止对性别认同的歧视,该法案将"性别"(sex)界定为包括但又不限于个人的"社会性别"(gender)——即性别、性别认同及性别表达。[2]

本文仅举一个案例予以说明。匈牙利在《2003 年平等对待法案》[Hungarian Equal Treatment Act (2003)]中列明性别、性取向和性别认同为禁止歧视的对象,因此为跨性别者提供了直接保护。[3] 在一起由平等待遇委员会(Equal Treatment Authority)处理的案件中,申请人是一位跨性别者,她以一名女性的身份生活已经有六年了,她应聘一家服装店店员,当销售经理看到她的身份证件上写着男性的姓名时,她告诉申请人他们希望招一名女性店员,并在申请人解释她是一名女性的时候嘲笑她。平等待遇委员会认为雇主的行为构成对申请人基于性别认同的歧视。[4]

四、域外经验对中国的启示

(一)司法层面

我国目前并未将跨性别者明示纳入禁止歧视范围,但"性别"是我国反歧视法明确禁止的歧视事由。因此,并不是说我国法律就当然不保护跨性别者。

首先,我国的成文法律并未明确"性别歧视"的内涵,在我国目前已经

---

〔1〕 Chapter 1. Introductory provisions. The purpose of the Act Section 1 The purpose of this Act is to combat discrimination and in other ways promote equal rights and opportunities regardless of sex, transgender identity or expression, ethnicity, religion or other belief, disability, sexual orientation or age.

〔2〕 高文谦:《涉及 LGBT 的反就业歧视法比较研究》,载《反歧视评论》(第 2 辑),法律出版社 2015 年版,第 142 页。

〔3〕 Act CXXV of 2003 on Equal Treatment and Promotion of Equal Opportunities. Article 8 All dispositions as a result of which a person or a group is treated or would be treated less favorably than another person or group in a comparable situation because of his/her... n) sexual identity...

〔4〕 Háttér, Society, "Equal Treatment Authority: Rejection of Treatment Job Application Was Unlawful", Accessed September 16, 2016. http://en. hatter. hu/news/equal-treatment-authority-rejection-of-transgender-job-applicant-was-unlawful.

判决的司法案例中也没有对法律规定的"禁止性别歧视"做进一步的阐明。[1] 这两点为对"性别歧视"进行扩大解释留下了空间。由于"性别"概念的复杂性,"性别歧视"不应仅仅被简单理解为只是针对女性或男性身份的歧视,如果我们细致考察已有性别歧视案例中的缘由,可以看出这些歧视的背后往往是对性别角色的刻板印象。例如,著名的"黄蓉案","被告联系人以文案职位需早晚加班等为由回复不考虑女生,想招男生。"[2] 又如"高晓案",原告欲应聘厨师的职位,但被告以"公司规定厨房不招女工,即便具备厨师证也不行"等理由拒绝录用。[3] 这两个案例连同前文的"马户案",都体现了用人单位认为只要是女性就"不能适应加班""不够能力/体力担任厨师""没有足够的体力担任速递员"。在C先生一案中,C先生因其是跨性别者,性别表达与其指派性别不同,不符合被告对"女性"形象的性别刻板印象,恰恰就是性别歧视的体现。

其次,我国《劳动法》第1条规定:"为了保护劳动者的合法权益,调整劳动关系,建立和维护适应社会主义市场经济的劳动制度,促进经济发展和社会进步,根据宪法,制定本法"。在我国《宪法》中,第33条规定了平等权和人权,第42条规定了劳动权。根据宪法理论,这些条文的要求为:其一,公职受聘机会的均等,即在任用和聘用公职人员时除了对任职的资格作出要求外,不得根据种族、民族、宗教、性别、住处或出生地等的差别而给予歧视或使其失去资格;其二,社会生活方面的平等待遇,即公民在社会生活中,不得因种族、语言、宗教、性别、住处或出生地的不同而受到拒绝和歧视。[4] 对法律进行解释首先就要进行合宪性解释,并且在解释某一法律中的条文时也要符合整部法律的目的和体系,因此从目的解释的角度出发,跨性别者作为我国的劳动者也享有平等就业权和劳动权,不得受到就业歧视,C先生应当被纳入"禁止性别歧视"的保护范畴。

---

〔1〕 卢杰锋:《就业中的性别认同歧视:美国经验及启示》,载《妇女研究论丛》2016年第4期。

〔2〕 "郭晶与杭州市西湖区东方烹饪职业技能培训学校一般人格权纠纷案判决书",(2015)浙杭民终字第101号。

〔3〕 "梁海媚与广东惠食佳经济发展有限公司、广州市越秀区名豪轩鱼翅海鲜大酒楼人格权纠纷判决书",(2016)粤01民终10790号。

〔4〕 王广辉:《比较宪法学》,北京大学出版社2007年版,第163~164页。

(二)立法层面

我国在反就业歧视领域最重要的法律为《劳动法》和《就业促进法》。《劳动法》在第12条详细规定了禁止歧视范围,即民族、种族、性别、宗教信仰。2008年实施的《就业促进法》在第3条又重申了四大类别,并且在第三章中增加了三种类别,形成了我国现有法律框架中明确保护的七大禁止歧视类别,即民族、种族、性别、宗教信仰、残疾人、传染病病原携带者以及农村劳动者。然而这一禁止歧视类别的范围与国际社会的一般标准相比太过狭窄。[1]

国际社会一般禁止的歧视包括:性别、种族(或民族)、宗教信仰、政治观点、婚姻状况、国籍、年龄、残疾、慢性病、短期工作、性取向和性骚扰等10余种,并且有不断扩大的趋势。从域外经验也可以看出,如果希望更好的保护跨性别者的就业权利,最理想的做法是将性别认同纳入反歧视法的禁止歧视范围中。

国内学界已经有了这样的尝试。由中国政法大学宪政研究所反就业歧视研究组牵头起草的《反就业歧视法(专家建议稿)》(第三稿)在第3条关于"就业歧视的定义"中明确将性别认同、性别表达纳入禁止歧视范围。另外还在第39条特别明确:"用人单位不得基于劳动者的性别认同、性别表达及性倾向实施就业歧视。"这一专家建议稿明确禁止针对跨性别者的就业歧视行为,是对跨性别者更为直接、完善的保护。

(三)对跨性别保护路径的选择

从上文来看,似乎直接将我国法律中已有的"禁止性别歧视"解释为包括性别认同,或者在立法中新增"禁止性别认同歧视"都是可行的路径,但笔者认为前者仅是法律未修改时的"权宜之计",而后者才真正能够更能彻底实现反歧视的目的。

不合理的区别对待即为歧视,但要准确确定禁止歧视的范围,就需要准确甄别歧视背后的原因。从上述几个域外案例中我们可以看出,有时人们对跨性别者的歧视是基于他们的性别表达,而有时就是基于他们跨性别者的身份。仔细考察这两种不同性别认同歧视思路背后的意识形

---

〔1〕 蔡定剑、刘小楠:《反就业歧视法专家建议稿及海外经验》,社会科学文献出版社2010年版。

态，我们可以发现基于性别表达的歧视更多的是体现了一种性别歧视主义（sexism），性别歧视主义认为女人就应该有女人的样子，男人就应该有男人的样子，而跨性别者的性别表达往往"僭越"了这一条规；基于跨性别者身份本身的歧视则更多地体现了一种"恐跨"（transphobia）现象，即对于跨性别者的偏见，这种偏见具有性别刻板印象的内容，但有着更为广泛的内涵，例如，认为跨性别者本身就是"不正常的""不好的""道德败坏的"，而这些是不能被性别歧视所包含的。这样来看，第一种意识形态可以契合将性别认同歧视纳入性别歧视的范畴，但第二种意识形态则必须采用将性别认同单独列出的立法手段。

在立法中新增"禁止性别认同歧视"不仅是上文逻辑上的要求，也是为这一群体提供更周延保护的要求。总体上，跨性别者的数量比同性恋、双性恋的数量更少，在中国也更"不可见"。不可见意味着社会大众对这一群体的了解较少，而无知往往是造成偏见的原因，给这一群体带来更多的伤害；不可见还意味着司法机关在处理类似的案件时由于知识的缺乏而可能对相关概念和法律的适用出现偏颇。法律具有重要的指引和教育作用，立法中新增"禁止性别认同歧视"的保护类别能够增强这一群体的可见度，普及多元性别知识，建设性别平等的社会。

拓宽性别就业歧视案件的司法救济

——从广州惠食佳性别就业歧视案谈起

黄溢智*

摘　要:我国法律禁止招聘中的性别歧视,但直到2013年性别就业歧视案件才进入司法程序。法院在2014年年底第一次认定招聘中的性别歧视并判令精神损害赔偿,2016年赔礼道歉作为承担责任的方式写进判决书。该类案件的司法救济在个案中得到拓展,法院受理了发生在招聘最初阶段的性别歧视案件,并在中国无反歧视法情况下,把平等就业权纳入自然人的人格权来考量,用现有的保障妇女权利的法律条款认定了用人单位的性别歧视,这对于消除性别就业歧视具有重要意义。然而,法院判定的赔偿金额过低,法律救济方法比较单一,不足以弥补求职者因歧视遭受的伤害和因诉讼而付出的成本,司法救济的有效性也因此打了折扣。

关键词:性别就业歧视司法救济;赔礼道歉;精神损害抚慰金;违法成本

---

* 黄溢智,清华大学法学学士、香港大学人权法硕士,北京市瑞凯律师事务所律师。

2016年9月，广州市中级人民法院对高晓（化名）诉广东惠食佳经济发展有限公司（以下简称惠食佳）和广州市越秀区名豪轩鱼翅海鲜大酒楼（以下简称名豪轩）性别就业歧视案做出终审判决，法院认定惠食佳和名豪轩基于性别不予安排面试的行为构成性别歧视，判令两者书面赔礼道歉并赔偿精神损害抚慰金2000元，并承担两审的诉讼费。这是国内法院第一次在判决书中针对招聘中的性别歧视行为判定歧视者赔礼道歉，距离2013年9月第一起招聘中的性别歧视案在北京市海淀区人民法院得以立案刚好三年。这三年来，针对性别就业歧视案件的司法救济有何变化，这其中又存在什么样的问题？本文拟通过对上述广州性别歧视案件的诉讼情况进行梳理，并结合之前发生的三起性别就业歧视案[1]对目前该类案件司法救济中的一些问题予以分析，希望对完善该类案件的司法救济有所助益。

一、被拒经过："厨房所有的岗位都只招男生"

与曹菊案和黄蓉案类似，广州性别就业歧视案的当事人高晓遭遇的是常见的招聘最初阶段的性别排斥，即因为性别而完全被排除在录用程序之外。

高晓是广州人，从小喜欢烹饪，她梦想有一天可以成为粤菜大厨。为了进入酒楼工作，她在2014年7月至9月在广州市越秀区劳动就业训练中心参加了粤菜速成班的培训，取得中式烹调师的初级职业资格证书；其后她又于2014年10月至12月在广州市就业训练中心参加粤菜强化班的课程，取得中式烹调师的高级职业资格证书。拿到两本职业资格证书，她以为这样可以充分证明她的工作能力了，至少酒楼应该给她尝试的机会吧，但没想到她连面试的机会都得不到。

2015年6月28日，高晓在58同城网站上看到惠食佳招聘厨房学徒的广告，其任职资格描述为："1.18～25岁；2.身体健康，反应灵敏；3.踏实肯干，做事认真负责；4.服从领导管理，为人友好和善。"因招聘广告中写

---

〔1〕 这三起案件分别是：曹菊（化名）诉北京市海淀区新巨人培训学校一般人格权纠纷案，案号：（2013）海民初字第26024号；黄蓉（化名）诉杭州市西湖区东方烹饪职业技能培训学校人格权纠纷案，案号：（2015）浙杭民终字第101号；马户（化名）诉北京市邮政速递物流有限公司一般人格权纠纷案，案号：（2016）京03民终195号。

到“无需投简历，请携带身份证原件到店内面试”，高晓于6月29日下午两点多直接到该招聘广告中列出的惠食佳的分店之一的名豪轩酒楼应聘，工作人员让她填写招聘表格，其后让她回去等消息。高晓觉得奇怪，一般去酒楼应聘，应该是会当场面试和试工的。当日下午四点左右，高晓接到被告工作人员打来的电话，告知已经招满人。但其后她发现惠食佳依然在发布招聘相同职位的广告；她对此不能理解，遂打电话去询问，接线的工作人员表示“厨房我们一般都不要女的”。高晓表达了强烈的工作意愿并反复强调可以胜任这份工作，工作人员表示会告知厨房负责人，但其后一直未回复。

2015年7月16日，高晓再次登录58同城网站搜索相关招聘信息时，发现惠食佳发布的招聘厨房学徒的广告中任职资格第一项即明确要求应聘者为“男性”。高晓觉得此项要求不合理，遂再次致电惠食佳在58同城企业网站上公布的电话沟通，工作人员表示“厨房学徒我们是要男生的”，“因为厨房学徒有些东西不是女生能做得到的”，并指出招聘广告上写明了限招男性。在高晓反复表达工作意愿后，该工作人员建议她在下午时段直接去店里询问。7月22日下午三点左右，高晓在朋友的陪同下前往惠食佳的分店名豪轩酒楼，工作人员表示“我们公司规定厨房都不招女的，所以就算有证的话也是不招的”。在高晓的苦苦哀求下，工作人员告知下午五点再来应聘，于是她一直等到五点再一次过去，接待的另一名工作人员依然表示公司规定“厨房所有的岗位都只招男生”，并拒绝安排高晓见面试的厨师。[1]

二、诉讼经过：用一年的时间赢得赔礼道歉

从2012年7月曹菊（化名）针对北京市海淀区新巨人培训学校（以下简称巨人学校）的性别歧视提起诉讼，到该案作为国内第一起招聘中的性别歧视案件得以在海淀法院立案，中间经历了14个月。而这一次，高晓用了整整一年的时间拿到了赔礼道歉的判决。

2015年8月18日上午，高晓以惠食佳为被告，依据《就业促进法》第62条“违反本法规定，实施就业歧视的，劳动者可以向人民法院提起诉

---

〔1〕（2015）穗海法民一初字第1322号判决书。

讼”向广州市海珠区人民法院提起关于性别歧视的民事侵权诉讼。高晓的诉讼请求包含：(1)判令被告公开书面赔礼道歉；(2)判令被告赔偿原告因应聘而产生的经济损失21元；(3)判令被告赔偿原告精神损害抚慰金40,800元；(4)判令诉讼费由被告负担。立案庭的法官了解案情之后，认为高晓应当先去申请劳动仲裁，高晓于是将之前在网上了解到的几个性别歧视案例给法官看，在进行相关请示后，法官转变了自己的态度，于当天下午立案。

2015年9月17日，该案以简易程序开庭审理，原告提交了被告限男性的招聘网页公证书、与被告工作人员的通话录音和通话记录、现场应聘的录像、证人证言以及交通票据等证据，欲证明被告在招聘中基于原告的性别进行了歧视。被告不认可原告提交的证据，对性别歧视的事实予以否认，主张其有用工自主权，又称在原告应聘的期间没有实际用工需要，并且前台工作人员的答复不能代表被告意见，但被告没有提交任何证据。2015年10月13日，原告收到法院邮寄的被告提供的三份证据：第一份是被告在58同城网站发布的不含性别限制的招聘广告的打印资料，打印日期为2015年9月24日；第二份是涉案酒楼在厨房内工作的女性员工劳动合同、社保资料等，该份证据包含四位女性员工的劳工合同书、职位调动申请和社保缴费历史明细；第三份是《厨房学徒岗位职责说明》及该岗位部分员工工作照片，照片上是男性员工在做一些体力活。被告想以此证明其在招聘广告中没有限制性别，其厨房也有女性员工；但厨房学徒岗位需要搬运重物，劳动强度较大。原告应法官要求发表了书面质证意见，其后简易程序转为普通程序，审限延长至六个月。

2015年12月4日，该案第二次开庭。原告在庭上对被告提交的三份证据一一质证，认为被告提交的证据不仅不能证明不安排原告面试合理，反而证明被告厨房确实存在性别隔离。被告新增的一名男律师提出，公司除了发布“原告所称的要求男性厨房学徒的广告外，还发布了招聘女性学徒的广告，只是年龄与男性有区别。”[1]但未提交证据予以证明。被告在两次开庭中对原告的证据都持全盘否定的态度，包括对录音录像的真实性也一概否定，原告提出可以提供原始载体，并当庭播放录音录像，法

[1] (2015)穗海法民一初字第1322号判决书。

官认为时间太长未予播放。但在第二次开庭后不久,被告又对录像提出的质疑,指出录像显示的时间和原告主张的时间不一致。为此,原告再次前往法院向法官说明。

这期间,法院开始组织调解,询问原告对赔偿金额的意见,并称对方不愿意道歉只愿意给予一些金钱补偿。2016 年 1 月底,应法官强烈要求,高晓和律师一起来到法院,法官说对方的负责人会过来当面调解,但却没有等到负责人,只等到对方律师和其提交的名豪轩酒楼的营业执照,称其是独立法人,惠食佳只是受托代为招聘。原告依然坚持对外发布广告的惠食佳是实施歧视行为的主体,但考虑到名豪轩确实也参与帮助惠食佳实施了侵权行为,所以追加名豪轩为共同被告。

2016 年 3 月 9 日,该案第三次开庭。被告提交了一份关于名豪轩委托惠食佳招聘的情况说明,称所有的招聘内容都是名豪轩拟定的,原告指出情况说明是被告单方面做出,要求被告提供委托合同,被告表示不能提供。新增被告名豪轩委托的律师和惠食佳的一致,对证据的质证意见也一致。

2016 年 3 月 31 日,海珠区法院做出一审判决。法院不认可名豪轩主张的厨房学徒招满的理由,并指出该工作"并不属于不适合女性从事的劳动范围","两被告不能在招聘厨房学徒时,对于应聘人员的性别加以区分、限制和排斥"。法院认为"两被告无论在发布招聘广告中抑或是实际招聘过程中,均一直未对原告的能力是否满足岗位要求进行审查,而是直接以原告的性别为由多次拒绝原告应聘,拒绝给予原告平等的面试机会,已经构成了对女性应聘者的区别及排斥,侵犯了原告的平等就业的权利,均已经构成了对原告的性别歧视,属于共同侵权"。[1] 法院判令两被告连带赔偿高晓 2000 元精神损害抚慰金,包括赔礼道歉在内的其他诉讼请求被驳回。案件受理费 500 元,法院判令原告负担 476 元,两被告负担 24 元。

2016 年 4 月 13 日,高晓提起上诉,要求赔礼道歉和增加精神损害赔偿,并对诉讼费重新分配。高晓提交了病历和医疗发票作为新证据。两被告也提出上诉指出原告一审提出的证据存在问题不能证明其存在歧

〔1〕(2015)穗海法民一初字第 1322 号判决书。

视,再次强调没有用工需求,不认可高晓提交的新证据。2016 年 8 月 19 日,二审开庭。在简短的开庭中,双方对各自的上诉意见进行了答辩。庭后,高晓的律师提交了详细的代理意见并附上了七份支持赔礼道歉且精神损害抚慰金高于 2000 元的就业歧视案件的判决书给法院参考。

2016 年 9 月 13 日,高晓收到二审判决书,广州中级法院维持了一审判决书的主文,认定两公司存在性别歧视行为。法院认为"就业平等权不仅属于劳动者的劳动权利范畴,亦属劳动者作为自然人的人格范畴"[1],支持了赔礼道歉的诉讼请求,并要求两公司承担全部的诉讼费用;但对于赔偿精神损失费 2000 元判令依然予以维持。2016 年 11 月 9 日,高晓向海珠区人民法院申请对生效判决中书面赔礼道歉的部分予以强制执行。与法院多次沟通之后,2017 年 3 月 31 日,《南方都市报》GA07 版刊载了该案判决书的主体内容。

三、案件评析:现有司法救济的问题以及拓展的可能性

这是在国内针对招聘中的性别歧视提起的第四起诉讼,和前三位女生一样,高晓在招聘的最初阶段即被排斥在外,案情并不复杂,当事人也不难证明其平等就业权被侵犯的事实,真正困难的是让该类案件进入司法程序并获得有效的司法救济。司法救济理应成为保障妇女平等就业权的重要途径,而联合国的《消除对妇女一切形式歧视公约》也要求各缔约国"为妇女与男子平等的权利确立法律保护,通过各国的主管法庭及其他公共机构,保证切实保护妇女不受任何歧视"。[2]

(一)在招聘过程中遭受性别歧视能否直接提起诉讼

自 2008 年《就业促进法》生效以来,以乙肝歧视为代表的就业歧视案件逐渐进入司法视野。尽管该法第 62 条明确遭遇歧视可以向法院提起诉讼,但这类案件最初在立案上遇到诸多困难,很多法院以涉及劳动争议需先行提起劳动仲裁为由予以拒绝。劳动者的平等就业权第一次得以明确规定是在 1994 年的《劳动法》中,《劳动法》以及之后《劳动合同法》均禁止就业歧视但未对如何救济做出设计。歧视的问题被笼统地放在非法

---

[1] (2016)粤 01 民终 10790 号判决书。

[2] 《消除对妇女一切形式歧视公约》第 3 条。

解雇中的框架下处理,劳动仲裁前置制度的存在变成了就业歧视争议直接进入司法程序的一个重大障碍。而对招聘中就业歧视的案件,劳动仲裁委员会又往往以不属于劳动仲裁的范围不予受理,就业歧视案件在起初经常面临无处救济的局面。

在就业歧视诉讼已不再罕见的2012年,当年7月,曹菊提起性别就业歧视诉讼,[1]在立案阶段即受阻。此时的法院对《就业促进法》依然不熟悉,当律师拿着法条指出法律规定可以提起诉讼时,法院才收下材料,但一直未予立案。除了一直以来劳动仲裁前置的影响,法院对该案的疑虑包括:第一,没见过该类案件,不知如何处理,担心引发的社会效果和诉累,即大量遭遇歧视的女大学生起诉;第二,质疑原告与案件的利害关系,甚至对原告的学历等任职条件进行审查。乙肝歧视案件的当事人往往通过了笔试面试甚至已经拿到了录用通知书,在临入职前的体检环节被拒录,他们并未被质疑利害关系。而性别歧视案的当事人却因为其显而易见的性别,在招聘的最初阶段即被拒绝,很多时候甚至是直接通过在招聘广告中写上仅限男性的方式。尽管仅限男性的广告本身就是歧视了,但当事人想以性别歧视为由起诉,还需要建立和该招聘广告的直接连接。她需要去投递简历应聘,然后被公司以她是女性为由拒绝。而曹菊案中立案庭还要求她提交了毕业证书,为了审查她是否符合该招聘职位的其他任职条件,即排除其他拒录的因素。这种对性别歧视案件当事人适格条件的苛刻要求也是导致该类案件极少的原因之一,同时也纵容了“仅限男性”广告的横行。另外,2013年6月,北京市高级人民法院与北京市妇女联合会共同签署了《关于在全市法院建立妇女维权工作机制的意见》。希望通过在北京法院民事审判中设立以“妇女维权合议庭”为载体的妇女维权共建模式,将人民法院审判职能与妇联维权职能有机结合,进一步加大对妇女的司法保护力度。[2]

从立法到司法,相关部门都在强调维护妇女权益,但对权利的宣示大于实际的保护。法院对一个简单的性别就业歧视案拖延不予立案,法官看到就业市场上性别歧视问题的严重,却没意识到司法应该承担的责任。

---

〔1〕 李秋萌:《女子挑战巨人学校“只聘男生”》,载《京华时报》2012年7月12日。

〔2〕 《北京高院与市妇联共建妇女维权新机制》,载《人民法院报》2013年6月8日。

幸而在各方的努力下,2013 年 9 月,曹菊诉巨人学校性别歧视案得以立案,性别就业歧视案终于进入了司法程序,使此类案件获得司法救济成为可能。2014 年 7 月 8 日,黄蓉通过杭州市西湖区人民法院起诉新东方烹饪学校性别歧视,法院在 8 月 13 日立案。2015 年年初,马户起诉北京邮政的案件在起诉后的第二天受理,而高晓案是当天立案。在四起诉讼之后,性别就业歧视案的受理终于变得理所当然。

以上提到立案的困难以及困难在个案中逐步被化解的过程,而回到法律本身,性别就业歧视案件进入司法程序在实体法和程序法上并不存在障碍。首先,从《劳动法》到《妇女权益保障法》,再到《就业促进法》均明确规定:“在录用职工时,除国家规定的不适合妇女的工种或者岗位外,不得以性别为由拒绝录用妇女或者提高对妇女的录用标准。”上述案例中仅限男性的工作岗位都不是国家规定的不适合妇女的工种或者岗位,而被告却要求仅限男性,因为原告是女性就表示不予考虑,被告的行为侵犯了法律所保障的女性的平等就业权。其次,根据《就业促进法》第 62 条“违反本法规定,实施就业歧视的,劳动者可以向人民法院提起诉讼”之规定,当事人有权向法院直接提起诉讼,法律也没有规定必须经过劳动仲裁前置程序。最后,根据最高人民法院《关于确定民事侵权精神损害赔偿责任若干问题的解释》第 1 条之规定,对于被告侵犯平等就业权的行为,原告有权就此直接提起诉讼要求侵权人支付精神损害抚慰金。

此外,关于立案案由的问题,根据最高人民法院发布的《民事案件案由规定》,民事案件案由是人民法院将诉讼争议所包含的法律关系进行的概括,目的是在民事立案和审判中准确确定案件诉讼争点和正确适用法律,从而促进审判的规范化。由此我们可知,确定立案案由并非是受理诉讼的必要条件。而且性别就业歧视案件并非不能确定案由,根据《民事案件案由规定》中公布的案由目录,同时也参考其他相同类型案件的做法,可将案由确定为一般人格权纠纷。当然,如果能对就业歧视或性别歧视设专门的案由,对于案件的立案以及后续处理会有促进作用。

(二)如何在诉讼中证明遭受了歧视及应对被告的反驳

高晓案一审法院的审理焦点是被告是否在招聘过程中存在侵犯原告平等就业权的行为。我国没有反就业歧视的专门法律,也没有特别的针对就业歧视案件审理的证据规则。现有的有关就业歧视的民事案件中,法院按一般侵权诉讼“谁主张,谁举证”的原则,要求原告承担举证责任,原告需要证明对方基于某一法律禁止的原因拒录她的全部事实。前一节提到的立案中对适格原告的苛刻要求,在某方面也使原告在立案之时就必须准备好证据,接受立案庭的提前审查。原告需要证明对方发布了招聘广告以及该职位限男性;原告还需要证明自己应聘过并仅仅因为其是女性而被拒绝进入下面的招聘环节;为了获得更多的赔偿,原告还需要证明其因为上述歧视所遭受的损害。

前两者的证明关乎是否构成性别歧视,在显性歧视的案件中证明起来并不困难。具体到高晓案中,尽管惠食佳一直否认他们只招男性,但在高晓与其工作人员的多次对话中,她均被告知“厨房都是不招女的”,高晓对此进行了录音;其后惠食佳更是增加了招聘广告中的“男性”要求,尽显歧视的故意,高晓在起诉前对该含有性别限制的招聘广告进行了公证;高晓再次前往酒楼应聘时也进行了录音录像。这些证据都明确指向被告存在性别歧视,当然被告也可以对原告的证据提出质疑。两被告确实指出原告提交的“部分证据在形式及实质上都存在问题”,主要包括:录音文件无法确认原始来源、形成途径和形成时间,即使通话清单也无法证明;以及视频文件上显示时间和所述时间不一致。

原告提交录音音频和录像视频,同时辅以通话记录和文字记录予以证明,并能够向法院出示原始载体予以验证。针对录像证据上面显示的时间和实际时间有误差的问题,原告也向法院说明是设备设置的时间有误,并始终愿意提交原始载体比对和提供同一时间段的录音予以证明。在一审的庭审中两公司曾拒绝对录音录像证据进行质证,在庭审之后又提出异议,该异议不符合民事诉讼的证据规则。正如二审判决书所说,高晓“所提交的招聘广告网页公证书、录音录像以及证人证言等系列证据,相互印证,已经形成证据链,足以证明本案事实,故在惠食佳公司、名豪轩酒楼未能提出相反证据予以反驳之情况下”[1],原审法院采纳高晓所提交的证据,认定两公司存在性别歧视行为并无不当。

从法院的认定可以看出,被告提出的相反证据也是法院在该类案件中要重点考量的。高晓案中,两公司一再称其无实际用工需求,不安排面

---

〔1〕 (2016)粤01民终10790号判决书。

试是基于行业和岗位的特点。但直至二审开庭均未提交任何证据予以证明,该辩解不足以对抗高晓提供的各项证据所证明的性别歧视的事实。其所主张的用人单位享有用工自主权也不是歧视的豁免理由,用工自主权不能违反法律的禁止性规定。此外,两公司实际是否招录其他人,也不影响其性别歧视行为的成立。

除了用工自主权,公司还经常以岗位的特殊性作为理由。高晓案中,惠食佳曾提交岗位说明书和四张男性员工负重工作的照片,欲证明该岗位有负重要求。在马户案中,北京邮政最主要的答辩理由即为快递岗位要求负重,该岗位是妇女禁忌从事的。黄蓉案中,新东方烹饪学校也强调招聘岗位的特殊性,指出需要经常加班以及需要陪同男性校长出差,并声称限制性别是对女性的关爱。而在曹菊案的庭审中,巨人学校也曾称办公室需要男性更换水桶。在上述案件的判决中,法院均不认可其岗位属于《女职工劳动保护特别规定》附录中列出的女职工禁忌从事的劳动范围。该规定所列职业范围其实有限,但也带有对女性的刻板印象,把女性划为"体力较弱者",忽视了女性群体的多样性,以保护的名义限制了妇女的就业选择权,容易产生岗位的性别隔离。[1] 这也成为一些用人单位拒录女性的借口。

另一个常用的答辩理由是:我们公司有女员工,所以没有性别歧视。这样的观点不仅缺乏逻辑,也表现出企业对性别歧视的无意识。曹菊案中巨人学校曾提交一份员工的花名册,上面显示超过一半的员工都是女性。而就在最近济南女大学生举报"优秀男士优先"招聘存在性别歧视的事件中,历城区人力资源与社会保障局认为该招聘广告不构成歧视理由之一便是该公司女性职工比例为44%,接近一半。[2] 高晓案中,惠食佳提供了其下属酒楼厨房四位女性员工的资料,认为其既然招录了女员工就不存在性别歧视。而这些女性员工资料反而反映出女性在厨房工作的艰难,四人是在工作近10年后才能从事和厨房沾边的一些工作且均按最

---

〔1〕《马户致信千位人大代表要平等就业选择权》,载《中国发展简报》2016年2月3日,http://www.chinadevelopmentbrief.org.cn/news-18333.html,2017年6月30日访问。

〔2〕谢小丹:《女生举报"优秀男士优先"招聘存性别歧视对处理不满起诉人社局获受理》,载《界面新闻》2017年6月22日,http://www.jiemian.com/article/1415186.html,2017年6月30日访问。

低工资标准支付工资，其四人占全体厨房员工的比例必然是极低的，厨房的主要岗位实际上为男性所垄断。

就业歧视案中最常用的证据是与对方工作人员的录音，而对方也经常以该工作人员不能代表公司为由来抗辩。马户案中，北京邮政声称通话录音中李某不是其工作人员，法院主动查询了李某的社会保险缴纳情况表明其是该公司员工，法院对录音证据予以采信。高晓案中，惠食佳也称前台工作人员不能代表公司意思。前台虽不是人事主管，但其既然代表公司接听电话接受咨询，理应接受过公司的相关培训并了解公司政策，其对外回答应该代表其公司。即便前台无法像人事主管一样专责招聘，但两公司对厨房学徒只招男性的招聘政策是通过招聘广告的书面形式公开发布了的，四位前台或接线的工作人员均对该招聘政策进行了确认，并明确以此为由拒绝为高晓安排面试机会，也是对公司招聘政策的执行。

招聘中还会出现发布招聘广告的主体和实施招聘的行为主体不一致的情况，马户案和高晓案中都有两个被告，也出现了一个被告将责任推卸给另一个被告的情况。高晓案中，惠食佳称招聘行为是名豪轩进行的，惠食佳不应该承担连带责任。但从其对外发布的广告已足以让高晓相信是惠食佳在招聘。从发布的招聘广告和高晓应聘的过程可以看出，惠食佳是本案中的招聘主体和用人单位。应聘的地点是惠食佳对外公布的分店，不论该分店是否有独立法人资格及其与惠食佳的关系如何，惠食佳都是本案中的招聘主体和用人单位，惠食佳应为其招聘行为承担法律责任。一审法院在判决中认为广告中列明的主体是惠食佳，指定的面试地点是名豪轩。“从求职者角度来看，单凭广告内容，原告作为求职者不可能知悉两被告之间的委托关系”[1]，而是有理由相信该广告是由惠食佳发布，原告前往名豪轩应聘，名豪轩是实施招聘行为的主体。法院判令两者承担连带责任。

同样作为发布者，马户案中的手挽手公司却被北京顺义区法院认定不构成歧视。法院指出该公司虽然发布了任职资格为男性的招聘广告，但没有因为马户是女性拒绝提供就业机会，仍通知她进行面试。然而该公司在答辩中承认之所以安排面试是因为考虑到“除专制速递员之外，也

---

〔1〕 (2015)穗海法民一初字第1322号判决书。

有适合女性从事的客服、分拣等其他岗位"[1],并指出"对于本公司发布的广告,如有违法情况,本公司愿承担全部法律责任"[2]。法院对马户要求该公司承担责任以及赔偿公证费的请求均不予支持。

除了之前提及的各部法律中明确规定"不得以性别为由拒绝录用妇女",《北京市人才市场管理条例》第 17 条第 3 款更是明确规定:"招聘启事的内容必须真实,不得有虚假承诺,不得有性别歧视等违反法律、法规的内容。"顺义区法院认定手挽手公司在其网站及在 58 同城网站上发布的涉诉岗位的招聘信息均表明任职资格为男性这一事实。根据以上法律法规,手挽手公司发布仅限男性的招聘广告已经违法且构成性别歧视。要求"男性"的招录条件被北京邮政认可且实施,手挽手公司作为广告发布方和潜在的劳务派遣单位(用人单位)对北京邮政的性别歧视不仅未予制止,而是参与了整个性别歧视的招录过程,对于北京邮政实施的性别歧视行为亦起到帮助作用,两者构成共同侵权,应对申请人承担连带赔偿责任。基于上述理由,马户所进行公证的涉诉岗位的招聘广告是违反相关法律的,该广告是认定本案中性别歧视的重要证据,由此产生的公证费应由发布违法广告的一方承担。从这一点上来说,高晓案判决中把发布含有仅限男性的招聘广告作为歧视行为的一部分,并判令作为广告发布者的惠食佳承担连带赔偿责任,也是一个进步。

高晓案的一审判决对两公司性别歧视的事实认定清楚,对于性别歧视的构成的分析说理到位,充分论证了性别歧视行为的存在和两公司在其中的连带责任,与前面两个判决相比,有其进步之处。但法院最后还是驳回了赔礼道歉的请求,也只支持了 2000 元的精神损害赔偿,与之前的判决相比,在承担责任的形式和内容上没有任何改变。

(三)赔礼道歉可否成为性别就业歧视案的救济方法

高晓认可一审判决对两公司构成性别歧视并承担连带责任的认定,但不认可对具体责任承担的判令。二审法院焦点扩展为:两公司是否构成歧视和应否承担相应的民事责任。是否应该赔礼道歉成为高晓案二审的核心,这也曾是黄蓉案和马户案二审的重点所在。

---

〔1〕 (2015)顺民初字第 03616 号民事判决书。
〔2〕 (2015)顺民初字第 03616 号民事判决书。

上述四例性别就业歧视案的诉求基本一致：公开书面赔礼道歉、赔偿因应聘产生的经济损失、赔偿精神损害抚慰金、赔偿因诉讼支付的费用、承担诉讼费等。曹菊案以调解结案，不存在诉求是否得到支持的问题，但巨人学校当庭进行了道歉，校长将道歉信亲自交给曹菊。黄蓉案是第一个得到判决的性别就业歧视案，在认定构成性别歧视后，西湖区法院却认为"原告要求被告书面赔礼道歉的请求法律依据不足"〔1〕，二审法院更是指出："根据侵权责任法第十五条，赔礼道歉与赔偿损失等均为侵权人承担侵权责任的具体方式，可以单独适用，也可合并适用"〔2〕。马户的赔礼道歉的请求同样以依据不足为由不予支持，其在上诉状中阐明了事实和法律依据之后，二审法院依然不予支持，法院认为"法律规定，承担侵权责任的方式既可以单独使用，也可以合并使用。前述各种责任形式的适用均只在保护受害人的利益，是否存在侵权责任聚合，应当结合侵权行为、损害后果等因素进行综合判断，只有当一种责任形式不足以保护受害人时，才可以同时适用其他责任形式予以合并保护"。〔3〕

难道说，2000元的精神损害赔偿已经足以保护在就业中遭受性别歧视的妇女，而赔礼道歉对于受害者来说是不必要的？司法的保护应该多方位多层次的，并且要考虑到具体权利被侵害的情形和具体的受害者，而不是以只能选择某种责任形式的方式来回应。这几例性别就业歧视案中，赔礼道歉的诉讼请求有事实依据和法律依据。

首先这类案件涉及的是女性的平等就业权，遭受歧视的女性根据《就业促进法》和《侵权责任法》提起诉讼要求公司承担赔礼道歉和赔偿损失的侵权责任。针对就业歧视提起的民事侵权诉讼不同于劳动争议，该类案件涉及自然人的人格权，当事人基于其平等就业权被侵犯而直接向法院提起诉讼。正如武汉市江汉区法院在其(2008)汉民一初字第1993号判决书中所述："现被告以原告乙肝病毒携带者为由辞退原告，实为侵犯了原告的平等就业权，自然人的人格权包括姓名权、健康权、身体权、姓名权、肖像权、名誉权、荣誉权、人格尊严权、人身自由权及其他人格权。而

---

〔1〕 (2014)杭西民初字第1848号判决书。

〔2〕 (2015)浙杭民终字第101号判决书。

〔3〕 (2016)京03民终195号判决书。

平等就业权乃是与劳动者的人身密不可分之权利,应属自然人其他人格权之一。现原告请求被告因侵犯其平等就业权对原告造成精神损害,要求赔偿精神抚慰金和赔礼道歉的诉请,本院予以支持”。除了上述案例,2008 年《就业促进法》生效后出现了大量就业歧视的案例,[1]在其中很多判决中,各地法院均支持了遭受歧视的应聘者要求用人单位赔礼道歉的请求。

几位当事人在诉讼请求第一项即依据《侵权责任法》第 15 条第 7 项要求公司赔礼道歉,而《民法通则》第 134 条第 10 项也将“赔礼道歉”作为承担民事责任的方式之一。在原审法院认定侵权事实的基础上,赔礼道歉的诉讼请求既有事实依据也有法律依据,原审法院应予支持。同时,最高人民法院《关于确定民事侵权精神损害赔偿责任若干问题的解释》第 8 条规定:“因侵权致人精神损害,造成严重后果的,人民法院除判令侵权人承担停止侵害、恢复名誉、消除影响、赔礼道歉等民事责任外,可以根据受害人一方的请求判令其赔偿相应的精神损害抚慰金”。由此可知,当起诉人同时请求赔礼道歉和精神损害抚慰金,法院应当首先考虑其赔礼道歉的请求,在判令赔礼道歉外再判令赔偿精神损害抚慰金。而从民事侵权赔偿理论上来说,赔礼道歉侧重于回复原状,而抚慰金则侧重于金钱赔偿,法院应该首先考虑前者。当事人既然在起诉状第一项就明确要求赔礼道歉并且在庭审和调解过程中多次强调赔礼道歉是弥补自己精神痛苦的重要方式,法院应该尊重起诉人的选择,对其赔礼道歉的诉讼请求予以支持。并且,公司将招聘条件“男”公布在智联招聘和前程无忧网站等大众传媒中,其负面影响的广泛性和持续性比私下的违法行为严重得多。这种公然歧视女性的言行和态度在社会中所造成的负面影响,需要书面赔礼道歉并在同等范围进行公开才能予以弥补。

高晓案二审判决采纳了律师关于赔礼道歉的意见,判令两公司书面赔礼道歉。在经历了杭州和北京两地的判决之后,赔礼道歉终于被写进了性别就业歧视案件的判决书,成为该类案件的救济方法之一。尽管也

---

〔1〕 如(2008)朝民初字第 06688 号、(2008)汉民一初字第 1993 号、(2008)历民初字第 3972 号、(2011)厦民终字 304 号、(2011)东二法民一初字第 4770 号、(2012)穗云法民一初字第 1706 号、(2012)穗越法民一初字第 2968 号。

有人对赔礼道歉是否能实际补偿到当事人有疑问，但在现有救济方法有限的情况下，法院对赔礼道歉的支持也是在进一步拓宽该类案件的救济方法，为之后遭受歧视女性的维权提供了一个可能的武器。

（四）精神损害抚慰金能否抚慰遭受性别歧视的当事人

2014 年 11 月 12 日，西湖区法院做出了关于性别就业歧视的首个国内判决，该判决认定被告“直接以原告为女性、其需招录男性为由拒绝原告应聘，侵犯了原告平等就业的权利，对原告实施了就业歧视，给原告造成了一定的精神损害”，[1]法院认为原告要求被告赔偿精神损害抚慰金的理由充分，并根据被告的过错程度及给原告造成的损害后果将具体金额确定为 2000 元。该判决对性别就业歧视案件中赔偿精神损害抚慰金的诉求予以支持，精神损害抚慰金也成为该类案件最重要的救济方法，为日后救济方法的拓展打下基础。但 2000 元的精神损害抚慰金也成为了之后案件参考的标准，2015 年 10 月 30 日，顺义区法院在马户案的判决中结合邮政公司的过错程度和给马户造成的损害后果酌情支持 2000 元。黄蓉案和马户一审中并未提交跟损害后果相关的证据，直到马户案的二审，马户提交了门诊病历和收费票据用以证明公司就业歧视行为给她造成的精神损害。二审判决仅仅提及对方对该证据不认可并再次强调该赔偿损失和马户受到的伤害程度能够匹配。然而，这 2000 元的赔偿对于马户来说连诉讼费都不够支付，更不用提为此付出的公证费、差旅费、误工费以及接受心理治疗的医疗费用等。

高晓在一审中即提交了病历材料和医疗费发票，一审判决指出“原告陈述的心情低落、自信心受挫等属于主观性描述，即便真是存在原告陈述的情形，也与原告的自身承受能力有一定关联性，未能完全反应侵权结果和程度”，法院综合考虑被告的过错程度和侵权行为造成的后果大小，酌定赔偿精神损失费 2000 元。高晓在二审时又进一步提交了医院的诊断证明和相关票据拟证明其遭受的精神损害，二审法院以两公司不予确认、法院已经判令赔礼道歉以及属于原审法院的自由裁量权为由，对 2000 元的金额予以维持。至此，性别就业歧视案件的精神损害赔偿没有突破 2000 元。

---

[1] （2014）杭西民初字第 1848 号判决书。

在第一起判决给付精神抚慰金的乙肝就业歧视案[1]中，精神损害抚慰金也是2000元，但法院同时判令赔偿原告经济损失17572.75元（6.5个月的工资）。当然两者的案情有区别，这部分的经济损失是弥补原告离职到再次就业的经济损失，而原告的离职跟被告发出的录用通知有关，被告后因乙肝不录用原告，这部分作为原告的“信赖利益损失”。性别就业歧视的特点让应聘者无法进入录用的最后阶段，往往在最初的阶段即被拒录。法院也因此忽视了给原告带来的预期收入损失，使得性别就业歧视案件的所获得的经济赔偿项目单一且金额极低。

对于三位当事人来说，2000元的精神损害抚慰金都是极低的，既不能补偿到上诉人所遭受的实际的损失和为维权所付出成本，也未能慰藉到女性仅仅因为性别而失去谋生和发展机会而遭遇的精神压力。对于实施就业歧视的用人单位来说，2000元的赔偿也是极低的一笔开支，2000元的赔偿显然不足以震慑违法者及潜在的违法者，也不符合国家法律政策中切实促进妇女平等就业权的精神。

关于精神损害赔偿金，法院一般采取酌定的说法，没有对此部分进行论证，这也跟法律和实践中未建立详细的标准有关。关于精神损害的赔偿数额的确定，仅有的规定是最高人民法院《关于确定民事侵权精神损害赔偿责任若干问题的解释》第10条：“精神损害的赔偿数额根据以下因素确定：（一）侵权人的过错程度，法律另有规定的除外；（二）侵害的手段、场合、行为方式等具体情节；（三）侵权行为所造成的后果；（四）侵权人的获利情况；（五）侵权人承担责任的经济能力；（六）受诉法院所在地平均生活水平。”具体到高晓案中，两公司无论在发布招聘广告中抑或是实际招聘过程中多次对高晓故意实施直接的性别歧视，其主观故意明显，且始终未承认错误，反而在庭审中以各种无法证明的理由否认歧视事实，并且对高晓的维权行为多次予以诋毁，对她进行二次伤害。两公司的歧视行为是排斥性的，它仅仅基于性别就剥夺了上诉人获得平等面试的机会，公然违反国家男女平等的法律政策，对高晓造成了严重的伤害也造成了恶劣的社会影响。同时，两公司的注册资本超过500万元人民币，其作为著

---

〔1〕 高某诉北京比德创展通讯技术有限公司一般劳动争议纠纷一案，案号：（2008）朝民初字第06688号。

名的餐饮企业,承担责任的经济能力也是不低的。另外,据 2015 年《南方人才年度广东地区薪酬调查报告》,广州地区的平均月薪为 6911 元,而该招聘岗位的月薪也是 3400 元。综合以上各因素可以看出,2000 元的精神损害抚慰金过低。

2000 元的赔偿不仅是绝对的低,也是相对的低,这远远低于曹菊案中三万元的补偿。当然,曹菊案是调解结案有其特殊性,但上面提及的多个就业歧视案件的判决中,法院给予遭受乙肝就业歧视的应聘者赔偿是远远高于性别就业歧视判决中的 2000 元的。乙肝就业歧视的问题的解决与有效的司法救济密切相关,性别就业歧视的问题也亟待通过司法途径得到有效解决,而通过提高对歧视受害者的赔偿标准增加对企业的违法成本是其中的关键。

(五)性别就业歧视的诉讼成本应该由谁来承担

高晓案二审判决的另一个进步在于,法院重新分配了诉讼费。本案一审案件受理费 500 元,一审法院判决高晓负担 476 元,公司只负担 24 元。本案是针对平等就业权的侵权诉讼,很显然该案不是财产性案件,而是人格权案件。原审法院判定了惠食佳的行为构成就业歧视,高晓关于人格权被侵犯的诉请在很大程度上是成立的,只是在赔偿金额上与 40,800 元的诉请有差距。但原审法院却按照财产案件去处理,基于高晓获得赔偿金额的比例去分配诉讼费;未考虑到人格权案件中惠食佳的侵权行为成立而因此需要承担的败诉责任,而将绝大部分的诉讼费都让遭受歧视的受害者一方支付,一审法院对诉讼费的分配是极不公平的。二审法院采纳上诉意见,判令由两公司支付一审和二审的全部诉讼费用。

这一问题也出现在马户案件中,马户案一审案件受理费 1054 元,一审法院判决马户负担 1004 元,北京邮政负担 50 元;二审案件受理费 1075 元,二审法院判决她负担 1025 元,北京邮政负担 50 元。马户案不仅存在诉讼费分配的问题,在诉讼费收取的时候就出现问题。马户案也以一般人格权为案由立案。根据《诉讼费用交纳办法》第 13 条,"侵害姓名权、名称权、肖像权、名誉权、荣誉权以及其他人格权的案件,每件交纳 100 元至 500 元。涉及损害赔偿,赔偿金额不超过 5 万元的,不另行交纳;超过 5 万元至 10 万元的部分,按照 1% 交纳;超过 10 万元的部分,按照 0.5% 交纳"。马户案诉请的赔偿金额为 51,120 元,按此标准计算诉讼费应为 111

元到 511 元。一审法院和二审法院收取的诉讼费远远超过了这一标准。马户曾通过申诉向北京市高级人民法院反映这一问题,最终被驳回。马户获得了 2000 元的精神损害抚慰金,但却需要负担 2029 元的案件受理费以及 1000 元的公证费用。这场诉讼历经一年,当事人为诉讼投入大量的时间精力,得到赔偿竟不足以支付案件受理费。2016 年 8 月,该案被最高人民法院评选为“关于弘扬社会主义核心价值观典型案例”,其中评价到:通过让实施性别歧视的企业承担民事责任“更是对企图实施就业性别歧视的单位予以威慑,让平等就业的法律法规落到实处”[1]。这场诉讼成本完全由原告来承担的案件,仅仅 2000 元的赔偿,到底能不能威慑企图违法的企业呢?

四、小结及其他

虽然到目前为止国内仅有四起直接针对用人单位在招聘过程的性别歧视提起的侵权诉讼,但这四个案件为我们呈现了性别就业歧视案件司法救济各种问题:立案受阻、法律救济方法单一、赔偿金额低、诉讼成本高等。这可能跟法院接触就业歧视案件太少,没有真正把其当成有别于普通劳动争议的案件来看待有关,需要进一步完善反歧视案件的司法救济,包括单设立案案由及制定该类案件的审理规范等,长远来讲,也需要反就业歧视法的立法和整套反歧视机制的建立。

正如前文所述,司法救济是保障妇女平等就业权的重要途径。对就业歧视案件进行司法救济的目的首先是应该对歧视行为的受害者进行补偿,补偿应该是全方位的,正如我国民法中所说的“恢复原状”,救济要使得当事人尽量恢复到未遭受歧视的状态。救济的另一个目标应该是要消除过去歧视性行为的影响以及未来的歧视性行为。具体来说,判决不仅是要否定发生的歧视行为,更要通过不同的救济方法消除歧视行为对遭受歧视者的影响,包括补偿已经发生的和可能发生的经济损失以及精神损害。而惩罚性赔偿的设立则有助于威慑潜在的违法者并消除未来的歧视性行为。

---

[1] 《最高人民法院关于弘扬社会主义核心价值观典型案例》,载《人民法院报》2016 年 8 月 23 日,第 3 版。

通过这四个案件的诉讼，一些问题逐步得到解决也为日后的司法救济的进一步拓展打下基础。遭受性别歧视的妇女直接向法院提起诉讼在实践中将不会再有太多障碍，赔礼道歉和精神损害抚慰金的诉求可以得到支持，一旦判令对方构成歧视，对方应当承担全部的诉讼费用。当然，精神损害抚慰金的标准有待提高，其他法律救济方法也有待拓展。而我们同时看到，在民事诉讼之外，也开始出现通过行政诉讼问责政府的可能性。《就业促进法》不仅明确了可以直接提起诉讼，它也要求劳动行政部门对就业歧视的问题进行监管，建立举报机制。[1] 在曹菊案中，其起诉的同时也向海淀区人力资源和社会保障局投诉巨人学校的性别歧视问题，人社局经过调查后以巨人学校已经删除了性别歧视信息为由撤销立案。曹菊不满意人社局的处理提起行政诉讼，该诉讼的立案在民事诉讼之前，虽然败诉，但在一定程度也促进了民事诉讼的立案。高晓案中，在民事案件上诉的同时针对广州市人力资源和社会保障局也提起了行政诉讼。法院认定了人社局在监管就业歧视方面的责任，最终法院以回复的形式问题（文件未盖章）认定了人社局违法，但却认为人社局以高晓提起民事诉讼且法院已经处理为由对投诉请求不予处理并无不当。[2] 前面提及的最近立案的济南女大学起诉历城区人力资源与社会保障局行政诉讼，也是另一起针对人社局未履行监管就业歧视职责的案例。通过行政诉讼问责具有监管责任的政府，也使得性别就业歧视案件的司法救济在另一个层面得到拓展。

---

〔1〕《就业促进法》第60条规定，劳动行政部门应当对本法实施情况进行监督检查，建立举报制度，受理对违反本法行为的举报，并及时予以核实处理。

〔2〕(2016)粤7101行初917号判决书。

职场性别歧视案的实证分析（2005～2016年）

黄周正*

摘　要：职场性别歧视是指劳动者因其性别在整个职业生涯可能面临的包括获得职业培训、获得就业和特定职业以及就业条款和条件的歧视。我国职场性别歧视案数量不多，主要原因在于法院裁判就业歧视案例缺乏专门的法律依据，劳动者的平等就业权难以通过诉讼渠道妥善解决。现有判决存在两个问题：一是立法本身对职场性别歧视关注不够，诉讼请求缺乏明确的法律依据，不利于防止性别歧视；二是审判缺乏专项案由，多数性别歧视案件被笼统地纳入劳动纠纷，未能充分发挥判决的社会指引作用。完善禁止职场性别歧视的法律保障体系，亟须明确职场性别歧视的判断标准，建立多元化职场性别纠纷解决机制，完善职场性别歧视的救济制度，营造性别平等的职场氛围和社会氛围。

关键词：性别歧视；平等就业权；性别短视；法律体系

---

* 黄周正，四川大学法学院人权法专业硕士研究生，研究方向为人权法学。四川大学法学院周伟教授、李成副教授，千千律师事务所吕孝权律师为本文的案例收集提供了帮助，并对本文提出了宝贵的修改意见，特此致谢。

一、导论

男女平等是我国的基本国策，也是宪法中男女平等原则在国家政策领域的具体体现。对妇女权益的保障离不开社会平等性别观念的形成，也与现行的法律保障体系息息相关。[1] 我国关于男女平等的立法始于1954年《宪法》第96的规定。[2] 此后，1992年的《妇女权益保障法》进一步将对妇女权利的保护明确在劳动领域。[3] 1994年《劳动法》更进一步规定了禁止就业歧视的四种具体类型。[4] 其中，劳动领域的性别歧视是最常见的现象。与男性相比较，女性在劳动市场和职场中不受欢迎、受约束、被阻碍的歧视现象仍广泛存在于世界各国。当前，我国禁止性别职业歧视的法律规定没有得到用人单位的严格遵守，以性别作为标准提供职位、女性入职后遭受不合理差别待遇的隐性歧视现象经常出现于各类招聘活动和劳动纠纷之中。

本文以中国裁判文书网、新闻媒体报道以及已有学术研究成果中相关的52个职场性别歧视[5]案例为研究对象，运用数据统计与个案分析

---

[1] 2015年9月，习近平在全球妇女峰会上指出“妇女权益是基本人权。我们要把保障妇女权益系统纳入法律法规，上升为国家意志，内化为社会行为规范……发展面向妇女的职业教育和终身教育，帮助她们适应社会和就业市场变化。”

[2] 1954年《中华人民共和国宪法》第96条规定：“中华人民共和国妇女在政治的、经济的、文化的、社会的和家庭的生活各方面享有同男子平等的权利”。

[3] 1992年《妇女权益保障法》第四章明确规定了对妇女的劳动权益保障，包括第21条规定：“国家保障妇女享有与男子平等的劳动权利。”第22条第1款规定：“各单位在录用职工时，除不适合妇女的工种或者岗位外，不得以性别为由拒绝录用妇女或者提高对妇女的录用标准。”第23条规定：“实行男女同工同酬。在分配住房和享受福利待遇方面男女平等。”第24条规定：“在晋职、晋级、评定专业技术职务等方面，应当坚持男女平等的原则，不得歧视妇女。”第25条规定：“任何单位均应根据妇女的特点，依法保护妇女在工作和劳动时的安全和健康，不得安排不适合妇女从事的工作和劳动。妇女在经期、孕期、产期、哺乳期受特殊保护。”第26条规定：“任何单位不得以结婚、怀孕、产假、哺乳等为由，辞退女职工或者单方解除劳动合同。”

[4] 1994年《劳动法》第12条规定“劳动者就业，不因民族、种族、性别、宗教信仰不同而受歧视。”

[5] 1958年《消除就业和职业歧视公约》第2条第3款规定：“就本公约而言，‘就业’和‘职业’二词所指包括获得职业培训、获得就业和特定职业，以及就业条款和条件。”李成副教授的《社会融入：禁止职业歧视的价值基础重构》一文中，用“职业歧视”这一表述泛指存在于劳动者职业生涯各个阶段的歧视。《中国职场性别歧视状况研究报告》一书中，参照国际劳工组织于1958年通过的《（就业和职业）歧视公约》（第111号公约）对职场歧视（Discrimination in the Workplace）所作的定义，用“职场性别歧视”一词来表述女性在整个职业生涯可能面临的各类歧视，因此本文参照使用“职场性别歧视”一词。参见李成：《社会融入：禁止职业歧视的价值基础重构》，载《中外法学》2015年第5期。

的方法,对2005年到2016年间的职场性别歧视案例及其包含的以性别因素为标准侵犯女性平等就业权利及职业发展权利的现象进行研究。[1]通过描述禁止职场性别歧视的法律文本与审判实践、现实需求的不对等现象,讨论劳动市场中存在的性别歧视现象,在此基础上反思现有的禁止职场性别歧视,保障女性平等就业权的法律制度存在的问题,并提出相应的建议。

二、数据与事实

第一,在笔者统计的52个职场性别歧视案例中,民事案例占据绝大多数。统计结果显示,在2000年至2016年,本文所收集到的52个职场性别歧视案例中,"民事案由"和"行政案由"的案例分别为49个和3个,此外笔者还关注到一例尚未进入诉讼程序的刑事案件。[2] 在此基础上,本文进一步对该52个歧视案例进行分类,分为"劳动争议""平等就业权纠纷""侵权责任纠纷"[3]"人格权纠纷"四类案件,分别占总案件数的90.1%、2%、2%、5.9%。(参见表1:案由 * 案例类型交叉制)这些数据一方面,体现了多数职场性别歧视案件最终以劳动争议的形式进入诉讼程

---

〔1〕 本文的案例统计参考了周伟教授的《从身高到基因:中国反歧视法律的发展》及李成副教授的《平等权的司法保护——基于116件反歧视诉讼裁判文书的评析与总结》两篇文章中所提及的职场性别歧视案例。参见周伟:《从身高到基因:中国反歧视的法律发展》,载《清华法学》2012年第2期。李成:《平等权的司法保护——基于116件反歧视诉讼裁判文书的评析与总结》,载《华东政法大学学报》2013年第4期。

〔2〕 该案为"南方日报记者性侵女实习生案",于2016年6月底发生于广州,近期广州市越秀区人民检察院对案件作出不起诉决定书。笔者通过千千律师事务所获悉该案件,千千律所是为小卉提供法律援助的律所,承办该案件的律师认为"本案同时兼具典型的权力控制性职场性侵犯罪性质。关于职场性侵犯罪,还原到现行法律,也是有相应规定的。1984年最高人民法院、最高人民检察院、公安部联合颁发的《关于当前办理强奸案件中具体应用法律的若干问题的解答》第二条明确做了规定,尽管《解答》已于2013年1月18日被最高人民法院、最高人民检察院以'刑法及相关司法解释已有新规定'为由予以废止,但其正确精神和理念内涵早已被司法实践所广泛吸收和运用,并非无法可依,只是在司法实践中,基于观念认识上的'被道德化'和'去法律化',容易被我们所忽视"。由于该案尚未进入诉讼程序,对法院裁判态度暂时无从分析,该案的发展还有待进一步观察,因此文中对该案例稍作分析,但未将该案计入案例统计当中。

〔3〕 "申某诉上司性骚扰案"实际上是只经过了仲裁程序,该案没有进入法院裁判的原因是律师考虑到更好地保护当事人利益,最终选择了仲裁程序,但曾明确提出过"侵权责任纠纷"这一案由,所以将该案在统计数据中记为"侵权责任纠纷"。

序，侧面反映出我国“性别歧视”专项案由的缺失；另一方面，“平等就业权纠纷”[1]以及“人格权纠纷”[2]的案例均为女性遭受职业性别隔离歧视的案件，而占更多比例的“劳动争议”也体现出职场性别歧视案件多产生于女性入职后遭受的性别歧视情况。

表1　案由＊案例类型交叉制

<table>
<tr><td colspan="3" rowspan="2"></td><td colspan="4">案例类型</td><td rowspan="2">合计</td></tr>
<tr><td>劳动争议</td><td>平等就业权纠纷</td><td>侵权责任纠纷</td><td>人格权纠纷</td></tr>
<tr><td rowspan="4">案由</td><td rowspan="2">民事案由</td><td>案件数量(件)</td><td>44</td><td>1</td><td>1</td><td>3</td><td>49</td></tr>
<tr><td>案由中的比例(%)</td><td>89.8</td><td>2.0</td><td>2.0</td><td>6.1</td><td>100.0</td></tr>
<tr><td rowspan="2">行政案由</td><td>案件数量(件)</td><td>3</td><td>0</td><td>0</td><td>0</td><td>3</td></tr>
<tr><td>案由中的比例(%)</td><td>100.0</td><td>0.0</td><td>0.0</td><td>0.0</td><td>100.0</td></tr>
<tr><td colspan="2" rowspan="2">合计</td><td>案件数量(件)</td><td>47</td><td>1</td><td>1</td><td>3</td><td>52</td></tr>
<tr><td>案由中的比例(%)</td><td>90.4</td><td>1.9</td><td>1.9</td><td>5.8</td><td>100.0</td></tr>
</table>

第二，在以上52个案例中，根据案例所涉及的性别职场歧视情形分类，又可分为“年龄歧视”“生育歧视”“性别歧视”“职业隔离”四个类型(参见表2：歧视类型)，这四个类型的案例数量分别为8件、20件、20件、4件，分别占案例总数的15.4%、38.5%、38.5%、7.7%。从数据中可以明显看出用人单位歧视女性的直接原因主要是基于女性生育产生的歧视以及单纯的性别因素产生的差别对待。在这四个类型中，用人单位实施歧视的做法(参见表3：歧视做法)又包括“不予录用”“调岗转岗”“劳务派遣”“强制离职”“区别对待”“违法解除合同”“性骚扰”七类，其案例数量分别为6件、8件、5件、11件、9件、12件、1件，分别占案件总数的11.5%、15.4%、9.6%、21.2%、17.3%、23.1%、1.9%，需要说明的是，在

〔1〕 参见《“曹菊”打官司，能赢得什么》，载 http://edu.people.com.cn/n/2012/0817/c1053-18765963.html，2017年3月15日访问。

〔2〕 案由为“人格权纠纷”的案例分别为“郭某案”“邓某案”“梁某案”。分别参见浙江省杭州市中级人民法院(2015)浙杭民终字第101号；北京市第三中级人民法院(2016)京03民终195号；广东省广州市中级人民法院(2016)粤01民终10790号。

不同的歧视案件中,用人单位可能存在多种实施歧视的手段。[1] 通过将歧视类型与歧视做法对比(参见表4:歧视类型*歧视手段交叉制),可以看出在年龄歧视中,用人单位最常以“强制离职”(也即强制退休)的做法对女性实施歧视;在生育歧视中,用人单位最常以“违法解除合同”的做法对怀孕女性实施歧视;在性别歧视中,用人单位最常以“差别对待”的做法对女性实施歧视行为;在职业隔离中,用人单位对于女性的歧视则体现在“不予录用”这一做法上。

表2 歧视类型

歧视类型	案件数量(件)	百分比(%)
年龄歧视	8	15.4
生育歧视	20	38.5
性别歧视	20	38.5
职业隔离	4	7.7
合计	52	100.0

表3 歧视做法

歧视做法	案件数量(件)	百分比(%)
不予录用	6	11.5
调岗转岗	8	15.4
劳务派遣	5	9.6
强制离职	11	21.2
区别对待	9	17.3
违法解除合同	12	23.1
性骚扰	1	1.9
合计	52	100.0

[1] 本文为了统计案例中用人单位实施性别歧视的主要手段,选取每个案例中最主要的歧视手段进行概括,其中“区别对待”包括违背同工同酬原则、考核降薪、降低待遇等;“调岗转岗”包括调岗、转岗、待岗;“强制离职”包括强制退休、强制下岗、强制辞职。

表4　歧视类型*歧视手段交叉制

			歧视手段							合计
			不予录用	调岗	劳务派遣	强制离职	区别对待	违法解除合同	性骚扰	
歧视类型	年龄歧视	案件数量(件)	0	0	0	8	0	0	0	8
		歧视类型中的比例(%)	0.0	0.0	0.0	100.0	0.0	0.0	0.0	100.0
	生育歧视	案件数量(件)	2	5	1	2	2	8	0	20
		歧视类型中的比例(%)	10.0	25	5.0	10.0	10.0	40.0	0.0	100.0
	性别歧视	案件数量(件)	0	3	4	1	7	4	1	20
		歧视类型中的比例(%)	0.0	15.0	20.0	5.0	35.0	20.0	5.0	100.0
	职业隔离	案件数量(件)	4	0	0	0	0	0	0	4
		歧视类型中的比例(%)	100.0	0.0	0.0	0.0	0.0	0.0	0.0	100.0
合计		案件数量(件)	6	8	5	11	9	12	1	52
		歧视类型中的比例(%)	11.5	15.4	9.6	21.2	17.3	23.1	1.9	100.0

第三，通过对本文所采用的52个职场性别歧视案例加以分析，以案例裁判文书中是否提及"歧视"为标准将所有案例分为以下6类(参见表5：裁判文书提及"歧视"部分)："无法考证""当事人诉称""引用法条""法院论证"[1]"未提及""引用原审"，案例数量分别为21件、19件、2件、7件、1件、2件，所占百分比分别为40.4%、36.5%、3.8%、13.5%、1.9%、3.8%。排除无法通过裁判文书考证是否提及"歧视"的案例，可以发现，频率最高的是裁判文书中"当事人诉称"部分，而"法院论证"的案例数量少之又少，这与大多数职场性别歧视案件以"劳动争议"的案由进入诉讼程序不无关系。在3例"一般人格权纠纷"中，"法院认为"部分都

〔1〕 本文所归纳的"法院论证"部分提及"歧视"，不仅仅包括法院论证性别歧视的情形，也包括了裁判文书"法院认为部分"对该案被歧视女性所受到的歧视性待遇进行分析的情况。

对“就业歧视”进行了一番论证,其中尤以“邓亚娟”案裁判文书对“就业歧视”的论证最为全面,该案二审以“手挽手公司与邮政公司在招聘过程中是否存在就业歧视行为”为争议焦点,法院认为“邓亚娟在面试、业务观摩后,戴×已经代表邮政公司表明其有意愿聘用邓亚娟,并告知邓亚娟进行入职体检、提交户口本、毕业证复印件、照片等资料,邓亚娟也按照要求进行了入职体检,提交了相关资料……对于邓亚娟询问丧失应聘机会的原因是否因其为女性时,李×作了肯定的答复,并表示他们这人手够了,也没招录过女投递员,能够证明邮政公司拒绝聘用邓亚娟的原因之一在于其为女性,侵犯了邓亚娟平等就业的权利,邮政公司应当对此承担侵权责任。”[1]法院在该部分确认了用人单位存在“性别歧视”现象,并明确该行为侵犯了当事人的就业平等权,但对其中的推理过程并未进一步阐述,对于“因女性拒绝聘用”与“性别歧视”之间的逻辑性未能充分论证。

表5 裁判文书提及“歧视”部分

出现的位置	频率(件)	百分比(%)
无法考证	21	40.4
当事人诉称	19	36.5
引用法条	2	3.8
法院论证	7	13.5
未提及	1	1.9
引用原审	2	3.8
合计	52	100.0

第四,本文所使用的52个职场性别歧视案例中,案件审判结果为“驳回诉讼请求”“不予立案”“支持部分诉讼请求”[2]“调解/和解”“胜诉”的案件数量分别为13件、1件、13件、9件、16件,分别占案件总数的

---

〔1〕 参见北京市第三中级人民法院(2016)京03民终195号。

〔2〕 “支持部分诉讼请求”是指法院判决仅支持用人单位支付劳动者工资差额,未支持劳动者的其他诉求。相应地,“胜诉”指法院判决支持劳动者的诉讼请求,且法院所支持的诉讼请求中包含了“确认用人单位解除合同违法”、“补偿金”及“赔偿金”等请求。

25.0%、1.9%、25.0%、17.3%、30.8%。将歧视类型与裁判结果交叉比较（参见表6：歧视类型 * 裁判结果交叉制），可以发现在各类歧视类型中，胜诉率最高的是“生育歧视”案件，胜诉率最低的为“职业隔离”案例，但这不免受到“职业隔离”类型案例数量的因素影响。在各类型歧视案例内部，“生育歧视”案例的胜诉率远远超过其“驳回诉讼请求”的比率，可以看出“生育歧视”是职场性别歧视现象中较为明显的歧视，同时也较为严重地影响到被歧视者的权利。统计中还发现，用人单位实施生育歧视还往往伴随着劳动者在入职时隐瞒婚育情况的现象，[1]法院在裁判这类案件时认为，劳动者在应聘时隐瞒婚育状况，虽然违背了“诚实信用”原则，但并不影响正常用工。如王丹案中，法院认为“婚姻、生育状况通常与劳动合同的履行没有必然的关系，属于个人隐私。原告因担心就业压力虚报个人生育状况不构成欺诈”。“陈海云”一案中，法院认为“被上诉人在招聘员工时设定未婚女性的用工条件，是违反我国劳动法关于‘劳动者享有平等就业和选择职业的权利’的规定的。上诉人在应聘时隐瞒了其已婚的情况，该行为虽然违反了‘诚实信用’原则，但其行为并没有影响被上诉人的正常用工，且上诉人怀孕生子，也是其享有的权利，被上诉人称聘用已婚女性会影响用工计划，显然存在性别歧视和违反平等用工的原则，故被上诉人以上诉人隐瞒已婚情况为由将其辞退，理由不充分。”可见在现行法律依据下，对于用人单位以劳动者隐瞒婚育情况实施性别歧视的行为，法院在审判中已经形成一定的歧视认定准则和裁判原则。而“年龄歧视”与“性别歧视”案例的胜诉率都没有超过其败诉率，也说明司法实践中对于用人单位对女性的“年龄歧视”及“性别歧视”较难认定，现行的法律体系及司法裁判规则无法很好地规制职场中对女性的性别歧视和年龄歧视。

---

[1] 参见王丹诉上海朗阁培训中心案，案号：上海市黄浦区人民法院(2014)黄浦民一(民)初字第4034号；陈海云诉鹤山高合塑料制品有限公司、鹤山高合塑料制品有限公司广州分公司案，案号：广东省广州市中级人民法院(2010)穗中法2一终字第4208号。

表6 歧视类型＊裁判结果交叉制

			裁判结果					合计
			驳回诉讼请求	不予受理	支持部分诉讼请求	调解/和解	胜诉	
歧视类型	年龄歧视	数量(件)	3	0	1	1	3	8
		歧视类型中的比例(%)	37.5	0.0	12.5	12.5	37.5	100.0
		裁判结果中的比例(%)	23.1	0.0	7.7	11.1	18.8	15.4
	生育歧视	数量(件)	2	1	3	4	10	20
		歧视类型中的比例(%)	10.0	5.0	15.0	20.0	50.0	100.0
		裁判结果中的比例(%)	15.4	100.0	23.1	44.4	60.0	38.5
	性别歧视	数量(件)	8	0	7	3	2	20
		歧视类型中的比例(%)	40.0	0.0	35.0	15.0	10.0	100.0
		裁判结果中的比例(%)	61.5	0.0	53.8	33.3	12.5	38.5
	职业隔离	数量(件)	0	0	2	1	1	4
		歧视类型中的比例(%)	0.0	0.0	50.0	25.0	25.0	100.0
		裁判结果中的比例(%)	0.0	0.0	15.4	11.1	6.3	7.7
合计		数量(件)	13	1	13	9	16	52
		歧视类型中的比例(%)	25.0	1.9	25.0	17.3	30.8	100.0
		裁判结果中的比例(%)	100.0	100.0	100.0	100.0	100.0	100.0

第五，通过对52个案例的赔偿与救济措施进行分类，总结出以下7个救济类型："补偿金""无法考证""恢复劳动关系""工资支付""赔偿金""赔礼道歉"以及"驳回诉讼请求"七项，案例数量分别为12件、8件、8件、8件、7件、1件、8件，值得特别注意的是出现一例判决用人单位向被歧视者"赔礼道歉"的案例，即"梁海媚案"。[1] 通过将案例裁判结果与救济措施对比(参见表7：裁判结果＊救济措施交叉制)，可以发现在多数

〔1〕 参见梁海媚诉广东惠食佳经济发展有限公司、广州市越秀区名豪轩鱼翅大酒楼人格权纠纷案，案号：广东省广州市中级人民法院(2016)粤01民终10790号。

案例中,法院驳回了原告的赔礼道歉要求,其理由包括法律依据不足、证据不足、相关性不足等。例如在梁海媚一案中[1],梁海媚主张因被告的就业歧视行为导致心情低落、自信心受挫等,要求被告公开书面赔礼道歉并赔偿经济损失、精神损害抚慰金,但一审法院认为"梁海媚陈述的心情低落、自信心受挫等属于主观性描述,即便真是存在梁海媚陈述的情形,也与梁海媚的自身承受能力有一定的关联性,未能完全反映侵权结果和程度",酌定由二被告赔偿精神损害抚慰金 2000 元,一审受理费 500 元由原告承担 476 元。而在其后的二审中首例判决用人单位赔礼道歉的也是该案,该案二审认为"惠食佳公司、名豪轩酒楼仅因招聘者性别而产生的区别、限制以及排斥的行为不具有合法以及合理性,损害了女性应聘者的就业平等权,应构成就业歧视中的性别歧视……就业平等权不仅属于劳动者的劳动权利范畴,亦属于劳动者作为自然人的人格权范畴",最后依据《侵权责任法》相关规定以及最高人民法院《关于确定民事侵权精神损害赔偿责任若干问题的解释》第 8 条之规定,判决二被告向原告作出书面赔礼道歉,连带赔偿精神损失费 2000 元。相比于此前"郭晶案"与"邓亚娟案"两起未支持赔礼道歉的性别歧视案判决,[2]该案的判决无疑是一个进步,司法对妇女平等就业权的保护又上了一个台阶。用人单位不考虑求职女性具有的工作能力和条件,仅是基于"女性"这一因素就排斥、区别、拒绝录用求职者,从宪法平等权的角度来看,这种不合理的区别对待侵害了女性的人格尊严。法院受理了发生在前劳动力市场的性别歧视,在缺少专门的反性别歧视法律的情况下,将女性的平等就业权纳入自然人的人格权来考量,在现有的妇女权利保障条款基础上认定用人单位的性别歧视,通过判决阐述对妇女的平等就业权加以明确,为今后的性别就业歧视案件裁判提供了可行的思路。

---

〔1〕 参见广东省广州市中级人民法院(2016)粤 01 民终 10790 号。

〔2〕 参见浙江省杭州市中级人民法院(2015)浙杭民终字第 101 号;北京市第三中级人民法院(2016)京 03 民终 195 号。

表7　裁判结果*救济措施交叉制

			救济措施							合计
			补偿金	无法考证	恢复劳动关系	支付工资	赔偿金	赔礼道歉	驳回诉讼请求	
裁判结果	败诉	数量(件)	0	3	0	2	0	0	8	13
		裁判结果中的比例(%)	0.0	23.1	0.0	15.4	0.0	0.0	61.5	100.0
	不予受理	数量(件)	0	1	0	0	0	0	0	1
		裁判结果中的比例(%)	0.0	100.0	0.0	0.0	0.0	0.0	0.0	100.0
	部分	数量(件)	4	0	1	3	5	0	0	13
		裁判结果中的比例(%)	30.8	0.0	7.7	23.1	38.5	0.0	0.0	100.0
	调解	数量(件)	4	1	3	0	1	0	0	9
		裁判结果中的比例(%)	44.4	11.1	33.3	0.0	11.1	0.0	0.0	100.0
	胜诉	数量(件)	4	3	4	3	1	1	0	16
		裁判结果中的比例(%)	25.0	18.8	25.0	18.8	6.3	6.3	0.0	100.0
合计		数量(件)	12	8	8	8	7	1	8	52
		裁判结果中的比例(%)	23.1	15.4	15.4	15.4	13.5	1.9	15.4	100.0

三、分析与讨论

男女平等的基本国策与普遍存在职场性别歧视的劳动市场现状形成了强烈的反差。禁止职场性别歧视的法律规定无法防范与杜绝该类歧视,这有着极其深厚的文化、经济、制度原因。

(一)传统观念下各类主流决策过程中社会性别意识的缺失,导致职场性别歧视的普遍化与多样化

其一,据2010年全国妇联和国家统计局联合开展的第三期中国妇女社会地位调查,在有求职经历的女大学生中,24.7%曾经遭遇过不平

等对待。[1]《2017 中国女性职场现状调查》通过对全国 128,576 位职场女性和男性进行的调查显示,22% 的女性认为在就业过程中存在严重的性别歧视,25% 认为在晋升中存在严重的性别不平等现状。[2]

其二,在本文收集的 52 个案例中,职场性别歧视案例出现于包括制造业、金融业、服务业等多个就业领域。此外,可以明显发觉职场性别歧视现象出现由职业阶段发展扩展到求职阶段的趋势。如"郭晶诉杭州市西湖区东方烹饪职业技能培训学校案"一案,原告郭晶就在求职阶段遭受了用人单位直接以"只招男性"为由拒绝的性别歧视。[3] 一些在大众的刻板印象中需要体力条件的行业,如消防员、警察甚至快递员、厨师这类需要身体素质较好的职业,在中国早已被打上性别的标签,成为男性的专利,出现了职业性别隔离的态势。在实际的劳动市场中,的确存在部分行业在招聘时有合理的理由不接受女性工作者的情况,但在目前出现的职场性别歧视案件中,用人单位招聘的职位类型均不属于法律所规定的禁止女职工从事的劳动范围。从实际情况来考虑,如"邓亚娟诉北京市邮政速递物流有限公司、北京手挽手劳务派遣有限责任公司"一案中,从事快递员职业的女性确实较少,但并不能成为拒绝求职者的合理理由。《就业促进法》明确规定了"在录用职工时,除国家规定的不适合妇女的工种或者岗位外,不得以性别为由拒绝录用妇女或者提高对妇女的录用标准"。而不适合妇女的工种,先后有 1988 年《女职工劳动保护规定》[4] 及《铁路女职工劳动保护实施细则》和《邮电女职工劳动保护规定实施细则》作出了相应的规定。在国务院 2012 年颁布的《女职工劳动保护特别规定》中,用附录的形式排除列举了女职工禁忌从事的劳动范围,包括"(一)矿山井下作业;(二)体力劳动强度分级标准中规定的第四级体力劳动强度的作业;(三)每小时负重 6 次以上、每次负重超过 20 公斤的作业,或者间断负重、每次负重超过 25 公斤的作业"。

---

[1] 第三期中国妇女社会地位调查课题组:《第三期中国妇女社会地位调查主要数据报告》,载《妇女研究论丛》2011 年第 6 期。

[2] 参见《智联招聘发布 2017 中国女性职场现状调查报告(一)》,载中国妇女研究网:http://www.wsic.ac.cn/academicnews/88418.htm,2017 年 4 月 8 日访问。

[3] 参见浙江省杭州市中级人民法院(2015)浙杭民终字第 101 号。

[4] 该条例于 2012 年颁布《女职工劳动保护特别规定》时废止。

(二)我国现行保障妇女平等就业的法律体系未能彻底消除性别歧视的经济根源,法律保障缺乏可操作性

其一,现行的法律体系存在社会性别盲点,未能有效预防性别歧视的经济因素。例如,在生育保险制度上,一方面,2011 年生效的《社会保险法》中将生育保险作为由企业参保的强制险种,建立了覆盖各类企业的生育保险制度,为女职工特殊权益的保护提供更高层次的法律支持。[1] 另一方面,一些地区的生育保险政策又无法及时与国家的法律规定配套实施。自 2005 年出台《北京市企业职工生育保险规定》,北京的社会保险制度中生育保险一项就直接将外地户籍的女性排除在外,使女性生育保险的经济成本全部落到企业身上。[2] 因此出现了许多企业在招聘阶段就排斥女性(尤其是外地女性)的现象,以及进入职场的女性一旦怀孕也会受到歧视的情况。一直到 2011 年年底出台的文件将生育保险政策进一步调整,把机关事业单位职工、企业外地户籍职工等纳入生育保险覆盖范围,实现了生育保险制度全覆盖。[3]

其二,保障妇女平等就业的法律制度缺乏具体标准,可操作性不足。2005 年修订的《妇女权益保障法》除了新增国家推行生育保险制度及禁止对妇女实行性骚扰的规定外,[4] 对保障女性平等就业权并未规定更具可操作性、执行性、实施性的措施。《就业促进法》对公平就业的保障也仅仅原则性地规定了女性的平等劳动权,[5] 并未解决职场性别歧视如何界

---

[1] 《中华人民共和国社会保险法》第 53 条规定:"职工应当参加生育保险,由用人单位按照国家规定缴纳生育保险费,职工不缴纳生育保险费。"

[2] 《北京市企业职工生育保险规定》第 2 条规定:"本规定适用于本市行政区域内的城镇各类企业和与之形成劳动关系的具有本市常住户口的职工。"

[3] 《关于调整本市职工生育保险政策有关问题的通知》明确:"一、本市行政区域内的用人单位,包括企业、机关、事业单位、社会团体、民办非企业单位、基金会、律师(会计师)事务所、有雇工的个体工商户(以下简称用人单位)和与之形成劳动关系的职工,应当参加生育保险。"

[4] 《妇女权益保障法》第 29 条第 1 款规定:"国家推行生育保险制度,建立健全与生育相关的其他保障制度。"第 40 条规定:"禁止对妇女实施性骚扰。受害妇女有权向单位和有关机关投诉。"

[5] 《就业促进法》第 27 条规定:"国家保障妇女享有与男子平等的劳动权利。用人单位招用人员,除国家规定的不适合妇女的工种或者岗位外,不得以性别为由拒绝录用妇女或者提高对妇女的录用标准。用人单位录用女职工,不得在劳动合同中规定限制女职工结婚、生育的内容。"

定、取证、量化法律责任等一系列实质问题。过于粗线条的法律制度设计，只能起到表面“震慑”作用。而从司法实践的操作层面来看，前述规定就仅具有宣示意义，缺乏可以直接规范行为和指引权益维护的可操作性，从而对用人单位实际上存在的许多性别歧视现象无法干预。例如劳务派遣中的性别歧视现象，在使用劳务派遣工人相对密集的行业，出于规避用工风险、降低用工成本的目的，大量使用劳务派遣用工，实际上这一类工作与正式职工的工作性质无异，其从事的岗位也非临时性岗位，但工资待遇却与正式职工有巨大差异。“祖某诉某通讯（集团）有限公司某市分公司劳动争议案”即反映了通信行业通过对女性员工进行劳务派遣节约用人成本，违背同工同酬原则，侵害女性平等就业权利的现象。[1]

（三）内部职场环境与外部司法环境未能给受歧视女性提供妥善的权利保障措施和畅通的纠纷解决渠道

其一，用人单位自身的企业文化、工作环境及规章制度缺少对女性员工的特殊关注和保护。我国《妇女权益保障法》及《就业促进法》中都规定了对女性平等劳动权的保护条款。随着政策性因素的逐步导向、法律规范体系的愈加完善以及女性维权意识的提高，用人单位对女性由公开歧视转变为隐蔽歧视。由于两性固有的生理差异以及社会性别文化中对妇女的刻板印象，用人单位出于对经济利益的考量更偏好男性员工。而从经济学的角度而言，用人单位实施性别歧视的结果往往不是利益最大化，而是效用最大化。因为在实施了性别歧视的同时，歧视行为也会给用人单位带来相应的损失（如满足用人偏好付出的成本、实施歧视所受到的处罚等，即歧视的价格）。[2] 可以想见，在反就业性别歧视法律逐步完善的前景下，用人单位作为雇用女性员工的主体，也应当主动承担起保护女性劳动权利的责任。

首先，多数企业仍存在性别短视行为，认为女性的生育和休养会损失工作时间，对于单位来说会提高其时间成本。在经济利益的驱使下，大多数用人单位在招聘时会尽量选择男性，但往往通过形式上的合法来掩盖

---

〔1〕 参见李莹、张帅编：《中国职场性别歧视调查》，中国国社会科学出版社 2010 年版，第 141 ~ 147 页。

〔2〕 参见张抗私：《劳动力市场性别歧视问题研究》，东北财经大学出版社 2005 年版，第 3 ~ 12 页。

歧视女性的事实,如不在招聘过程中提出“只招男性”这一直接而明显的歧视性要求,转而在录用阶段进行有针对性的筛选,女性求职者却难以找到该用人单位同等条件下选择录用男性的证据。此外还存在用人单位试图以其他原因损害女性的劳动权利而掩盖实质的歧视女性的情况,例如,“摩托罗拉(北京)移动技术有限公司与孟红玲劳动争议案”中[1],用人单位以部门停产停业为由让该怀孕的女员工待岗并调整其工资。全面二孩政策实施后,女性就业歧视暴露的一些新问题较为突出。[2] 在劳动市场竞争激烈、生育成本单位化的情况下,全面两孩政策的实施,生育情况将愈发影响到妇女的劳动参与和职业发展。不免会加重单位在招聘阶段根据女性生育情况进行筛选的歧视现象;或出于对妇女怀孕、生育的时间和精力成本的考量,减少其职业培训和晋升机会,限制女性的职业发展;甚至是在妇女怀孕时,通过其他形式的差别对待迫使怀孕女性辞职。此外,对于因生育中断工作时间较长的女性,特别是生育二胎的女性,其职业技能落后于用人单位需要,职业培训需求亦得不到满足,返回劳动市场时缺乏竞争力。

其次,用人单位自身的性别文化建设不够完善,没有形成男女平等的企业文化和工作氛围。大多数用人单位缺少专门的保障女性员工权利的规章制度,尤其是在防治职场性骚扰方面,缺少相关的防范措施和监督措施,对于性骚扰是否属于性别歧视也没有清晰的认识。例如“申某诉上司性骚扰案”中,[3]原告因多次遭遇被告实施的性骚扰而提起仲裁,之所以不提起诉讼是因为律师考虑到当前我国法律对于性骚扰没有明确的定义,尽管《妇女权益保障法》中规定了禁止对妇女实行性骚扰,[4]但没有赋予企业防治性骚扰的法定义务,在仲裁和诉讼程序中更没有建立起特殊的证据规则,如果直接以性骚扰提起侵权诉讼,胜诉的可能性微乎其

---

〔1〕 参见北京市第三中级人民法院(2014)三中民终字第14704号。

〔2〕 十二届全国人大五次会议首场新闻发布会上,大会新闻发言人傅莹回答记者提问时表示,“全面二孩”后,女性就业歧视的问题更加突出,虽然妇女能顶半边天,但“道理很丰满,现实可能很骨感”。

〔3〕 参见李莹、张帅编:《中国职场性别歧视调查》,中国社会科学出版社2010年版,第154~157页。

〔4〕 《妇女权益保障法》第40条规定:“禁止对妇女实施性骚扰。受害妇女有权向单位和有关机关投诉。”

微,因此选择普通劳动仲裁程序,试图绕开性骚扰的举证难题。一直到2012年国务院发布的《女职工劳动保护特别规定》首次对用人单位课以义务并首次明确了受害人权利的救济方式,但也尚未规定对用人单位的具体责罚条款。[1] 因此普遍存在用人单位普遍怠于营造男女平等的企业文化和工作氛围,消极保障女性平等劳动权利的现象。

其二,法院缺少受理职场性别歧视案件的专项案由。专项案由的缺失导致职场性别歧视案件案由混乱,也是许多职场性别歧视案件未能被本文收录的原因。此外,专项案由的缺少还导致法院审理职场性别歧视案件落入于法无据的消极情形,这也是众多反歧视案件面临的共同问题,"受诉法院要么高挂司法谦抑的免战牌,甚至略显粗暴地将宪法平等权案件排除在受案范围之外;要么通过争点的移花接木,将当事人宪法平等诉求降格为具体行政行为是否合法、民事契约是否有效等与宪法平等无关的法律问题,进而将案件导入既有审判框架"[2]。除少数经媒体报道的案例为大众所知外,多数案例需要经过全面的了解才能获知其中用人单位存在的性别歧视现象。如"王丹诉上海朗阁培训中心劳动合同纠纷案"的案由为"劳动合同纠纷",而实际上涉及"生育歧视";[3]"梁海媚诉广东惠食佳经济发展有限公司、广州市越秀区名豪轩鱼翅海鲜大酒楼一般人格权纠纷案"的案由为"一般人格权纠纷",实际上涉及用人单位基于性别而实施的"职业隔离"。[4] 这在一定程度上导致法院将审查重心置于劳动纠纷之上,在多例带有性别歧视情形的劳动争议中,尽管当事人提及受到用人单位的"歧视性待遇",但多数情况下,法院将主要精力放在对劳动合同及劳务关系的审查上,或需要当事人提供证据证明因性别所受的"差别对待",如"霍芳芳诉河南省烟草公司焦作市公司劳动争议案"的

---

[1] 《女职工劳动保护特别规定》第11条规定:"在劳动场所,用人单位应当预防和制止对女职工的性骚扰。"第14条规定:"用人单位违反本规定,侵害女职工合法权益的,女职工可以依法投诉、举报、申诉,依法向劳动人事争议调解仲裁机构申请调解仲裁,对仲裁裁决不服的,依法向人民法院提起诉讼。"第15条规定:"用人单位违反本规定,侵害女职工合法权益,造成女职工损害的,依法给予赔偿;用人单位及其直接负责的主管人员和其他直接责任人员构成犯罪的,依法追究刑事责任。"

[2] 李成:《平等权的司法保护——基于116件反歧视诉讼裁判文书的评析与总结》,载《华东政法大学学报》2013年第4期。

[3] 参见上海市黄浦区人民法院(2014)黄浦民一(民)初字第4034号。

[4] 参见广东省广州市中级人民法院(2016)粤01民终10790号。

二审裁判文书中,法院认为"鉴于霍芳芳与烟草公司之间并不存在劳动关系,霍芳芳又没有提交证据证明存在被歧视性工资,因此霍芳芳的诉讼请求没有事实和法律依据",判决驳回原告诉讼请求。[1] 在"刘萍诉蚌埠市巨龙铁路经贸有限公司、上海铁路局合肥客运段案"中,对于刘萍要求"偿付同工同酬工资差额部分"的请求,法院认为"此种因为身份不同造成的差异是体制问题,并非违反按劳分配原则和同工同酬原则……刘萍要求偿付同工同酬工资差额部分270,000元,对此的举证责任不属于用人单位在劳动争议案件中承担举证责任的情形,因此,刘萍应当对其该项请求承担举证责任,而刘萍未能提供充分证据证明其与谁'同工'和'不同酬',故对于刘萍要求偿付同工同酬工资差额部分270,000元的请求,本院不予支持"[2]。此外,"《南方日报》记者性侵女实习生"一案,[3]近期广州市越秀区人民检察院对该案件作出不起诉决定书,刑事司法实践中对于职场中的性骚扰、性侵犯等性别歧视案件存在取证难、立案难的现象可见一斑。由此,受到职场歧视的女性往往只能以劳动争议提起诉讼,最终导致了司法实践中对女性平等就业权利的保护力度不足。

四、出路

(一)普及社会的性别平等观念,化解固有的对女性的刻板印象,消除性别歧视根源

男女平等是我国的基本国策。在历史和文化传统中,的确存在男尊女卑的思想。随着妇女解放运动的进展,女权运动的兴起,女性受教育程度的提高,我国逐渐已培育出男女平等的思想基础和文化底蕴。但劳动市场中仍大量存在性别歧视现象。将性别平等的观念普及、落实到各个方面各个行业,还尚未实现。真正实现性别平等,不在于某个行业中从业人员性别比例的变化,而在于整个社会性别歧视观念的改变。我们在许

---

[1] 参见河南省焦作市中级人民法院(2016)豫08民终785号。

[2] 参见安徽省蚌埠市中级人民法院(2014)蚌民一终字第01021号。

[3] 千千律师事务所负责该案法律援助的律师认为,职场性侵害案件与普通性侵害案件不同,行为人基本都不是采取直接的肢体暴力手段,而是通过职场中的权力控制、企业文化机制熏陶或者是精神控制、心理控制(长期的心里奴役和驯化)等非传统、非暴力的手段达到奸淫妇女的目的。

多方面提倡男女平等、尊重女性,对于性别歧视却闭口不谈,缺少讨论,这在很大程度上限制了大众对性别平等的关注与思考。促进职场性别歧视观念的改变,化解社会中存在的对女性的刻板印象,除了依靠城镇化、工业化、教育水平的提高,还离不开传播性别平等的正确信息,通过把性别问题纳入主流,建立尊重性别平等的教育制度,以此确保两性平等获得各级和各种形式的教育、培训和能力建设,包括宣传男女平等、避免物化女性,从而为女性的平等就业奠定观念基础。另外,通过政府有关部门对职场中的性别歧视现象进行监测与监督,完善立法进而对职场性别歧视行为进行规制,运用司法及其他纠纷解决机制对性别歧视主体进行处罚,从而形成良好的男女平等的职场氛围。

(二)完善反性别歧视法律体系,建立性别歧视判断标准,为法院审理职场性别歧视案件提供法律基础

本文涉及的性别歧视案例在其裁判文书中论及性别歧视的寥寥无几,一是法院在裁判职场性别歧视案件时,对"性别歧视"缺少明确的认定条件,现行法律中规定了禁止歧视,但缺少对歧视乃至性别歧视的定义,认定"性别歧视"较为困难。二是法院裁判时,缺少一套完善的职场性别歧视认定标准,有学者认为"雇佣决策是否构成职业歧视取决于其在劳动力市场中是否促成、延续或者加重了特定群体被排斥的边缘地位"[1]。可以看出,判断职场性别歧视需要明确的职场性别歧视判断标准,并且在司法实践中对个案进行分析与考量。在目前的职场性别歧视案例中,对于原告提出的"性别歧视",法院都存在避免深入讨论的克制态度。尽管法律明确规定了禁止职业性别歧视,但并未规定实施了职业性别歧视的法律后果。也就表明,用人单位即便实施了性别歧视的雇佣行为,也鲜少承担法律后果,因此在我国直接性别歧视表现得相当明显,间接性别歧视也广泛存在。[2]

---

〔1〕 李成:《社会融入:禁止职业歧视的价值基础重构》,载《中外法学》2015 年第 5 期。

〔2〕 美国在 1964 年以《民权法》建立了一套完善的性别歧视判断标准,包括根据性别进行职业分类、以职业资格为借口、以其他合法的非歧视理由为借口、混合动机下的雇佣歧视行为性质认定直接性别歧视,通过考察业务必要性的方法认定间接性别歧视。参见郭延军:《就业性别歧视的法律判断标准——基于美国法律实践的考察》,载《环球法律评论》2011 年第 6 期。

可以看出,我国在目前的立法方面已经充分地考虑到妇女的平等权利,但由于这些法律规范过于原则性,难以起到引导雇佣行为,禁止和惩罚性别歧视行为的作用。且缺乏平等权利受到侵害时的惩罚措施及救济措施,造成法院裁判性别歧视案件的不利因素,导致存在诸多性别歧视行为而被歧视者难以得到相应救济的现象,也是造成反性别歧视案件的缓慢发展的原因之一。因此我国亟须进行反职场性别歧视及性别平等方面的立法,为保证妇女获得就业和体面工作创造有利环境。促进和保护妇女的权利,采取行动去除妨碍实现两性平等的体制和法律障碍以及陈旧定型的观念,确保立法和行政改革进程促进对妇女平等就业权利的保障。同时也要重点关注到就业方面的性别成见、工作条件、职业隔离和骚扰、社会保障福利方面的歧视以及妇女的职业健康和安全、不平等的职业机会和男子没有充分分担家庭责任等问题。〔1〕 针对在劳动市场(特别是针对年纪较大女工)雇用和升职方面以及在推展就业福利和社会保障方面的性别歧视,完善就业福利及社会保障政策,扼制性别职业隔离和“职业天花板”现象。针对“全面二孩”政策实施后对于女性生育的歧视,将反性别歧视理念纳入国家放开二孩政策,预防和抑制生育歧视现象的迸发。针对歧视性工作条件和性骚扰,颁布和执行法律,制订工作场所政策,以完善法院裁判职场性别歧视案件的法律体系,保障法院在裁判各种类型的性别歧视案件时有法可依。

(三)建立多元化职场性别歧视纠纷解决机制,完善职场性别歧视救济制度

随着立案登记制改革的进程,我们可以发现对于各类案件,诉讼是最规范、最权威的纠纷解决机制。对于性别歧视类案件,法院的裁判在一定程度上意味着对该类案件的总体态度,并对其后的同类案件产生影响。在职场性别歧视案例出现初期,法院的判决对于用人单位、求职者的性别平等意识有着重要影响,也为其他法院裁判该类案件提供了思路。在现行的法律体系下,法院缺乏审理职场性别歧视的专门依据。但法院可以

---

〔1〕 参见《北京宣言》和《行动纲要》。《北京宣言》和《行动纲要》于1995年由第四次妇女问题世界会议通过,随后由联合国大会通过其第50/42号决议核准,达成促进男女平等、保障妇女权利的战略目标和政策框架。

在裁判涉及性别歧视的一般人格权纠纷案件中对性别歧视进行审查,并通过单个的案例形成裁判该类案件的影响性案例,并发挥其社会指引效果。除了诉讼途径之外,受到性别歧视的女性可以寻求社会援助,包括劳动与社会保障部门、各级工会、妇联等社会团体的帮助;也可以向劳动部门申请劳动仲裁。这就要求该类部门在已有的法律和行政法规的规制和支持下,主动开展对性别歧视现象的监督和干预,对主动提高妇女地位的企业和组织进行积极宣传,对违反关于性别平等的用人单位进行监测和披露。此外相关政府部门也要发挥相应的作用,从行政角度防止性别歧视,制定具体且可实施的性别平等政策,完善性别歧视救济措施。制定促进就业方案与服务,保障进入或重新进入劳动市场的妇女的平等就业权,尤其要关注农村妇女、青年妇女、自营职业妇女以及受到结构性产业调整不利影响的妇女;在雇佣、保留和提职方面,对用人单位的积极、平等就业方案进行检测,保证积极方案的有效执行,以消除劳动市场中的妇女所面对的体制性歧视;为各部门的妇女提供职业培训,平衡实施同工同酬以及就业平等政策;对于存在已久的性别歧视现象或严重损害妇女权益的性别歧视事件,提供符合社会状况及其自身需求的补偿和优待。[1]

---

〔1〕 20世纪60年代美国提出了"积极行动"计划,是指为了纠正过去种族歧视和性别歧视及其后果,美国政府为少数种族和妇女,在工作、入学和其他社会福利方面,提供直接或间接优待的一系列法律和政策,其目的是补偿少数种族和妇女因社会歧视而遭受的损失。

《反歧视评论》征稿启事

《反歧视评论》是由中国政法大学宪政研究所主办的国内首个以平等权利和反歧视为主题的学术文集，旨在汇集反歧视研究的前沿理论，展现反歧视实践的最新成果，进一步推动反歧视的法律和制度变革。

《反歧视评论》以学术性和建设性为评价标准，设置主题研讨、学术专论、评论、判例研究、调研报告、深度书评等栏目。具体征稿要求如下：

一、内容：与反歧视相关的调查报告、立法建议、学术论文或译文等。文章需论点鲜明，论据充分，论证严谨，语言通畅，数据准确，图表规范，主题集中，层次分明，结构完整，注释引文无误。保证作品独创性，如有对其他作品适当引用，请在文中用注释说明。

二、来稿须为未公开发表的科研成果，已经以外文公开发表过的论文可以再次以中文译文的形式刊发。

三、文稿格式要求：

(一)文稿体例

文稿由题目、中文摘要、关键词、正文和参考文献构成。文章标题字数10字左右；摘要在200字以内；关键词3～5个。文稿正文采用脚注，每页重新编码。稿件控制在1.5万字之内。

(二)基金项目

如果来稿得到基金项目资助，请在文章首页页下脚标明论文产出的资助背景,包括基金项目的类别、名称、批准号。

(三)作者简介

来稿应在文章首页页下脚按如下顺序标明作者信息:姓名、单位、职称、职务、学历、研究方向、联系方式。置于基金项目之后。

(四)标题

文稿标题应层次分明,标题前的数字按不同级别依次使用:文内体例顺序一般采用:一、 (一) 1. (1) ① A. a.其中:一、(一)为标题序号,单独成行,不接正文。

(五)注释体例:

1.一般中文著作:专著作者后不用"著"字,编纂类加"主编、编"等字样

例:梁慧星:《民法总论》,法律出版社2001年版,第101~102页。

例:中国社科院近代史所等编:《孙中山选集》(第三卷),中华书局1985年版,第13~15页。

2.期刊文章或论文:文章和书名用书名号

例:苏号鹏:《论信用权》,载《法律科学》1995年第2期。(期刊后不加页码)

例:梁慧星:《论制定道路交通事故损害赔偿法》,载梁慧星:《民法学说判例与立法研究》,中国政法大学出版社1993年版,第15页。

3.译著:作者要注明国籍,作者在前,译者在后

例:[德]拉伦茨:《德国民法通论》,邵建东译,法律出版社2003年版,第1页。

4.报刊文章:信息要完整,包括作者/记者名称

例:周扬:《上海闵行区人大组织财政预算听证会开国内先河》,载《21世纪经济报道》2008年12月11日。

5.互联网或数据库作品:应注明网址或数据库,访问时间

例:《2009年区部分预算项目初审听证结果报告》,http://mhrd.shmh.gov.cn/Detail.aspx?ItemID=2100&Id=30851,2009年8月20日访问。

6.古典文献类著作:除应包括上述版本信息外,还应括注卷次

例:《史记》(卷25),第1088页。

7. 外文注释：翻译原则为：说明性文字译出，资料性文字（如作者、书名、出版社、章节页码等）保留原文、原体例格式。资料性文字中的著作或者杂志名斜体或者正体均可，保持全书统一即可。如果作者引用外文文献，格式为：

（著作类）Steven L. Emanuel, *Torts*, CITIC Publishing House, 2003, p. 149.

（论文类）Henry Hansmann, the Numerus Clauses Problem and Divisibility of Rights, *Journal of Legal Studies*, June 2002, pp. 45 – 46.

投稿一律采用电子文稿方式，本刊电子邮箱：antidiscrimination@163.com。对于录用的稿件，我们会在收到稿件的3个月内发出用稿通知。没有收到用稿通知的作者请自行处理稿件。为适应信息化建设需要，扩大作者学术交流渠道，本文集与网站、期刊数据库、微信公众号建立了合作关系。如作者不同意将文章编入数据库，请在来稿时声明，本刊将做适当处理。

《反歧视评论》暂定为每年一辑，常年征稿，截稿日期为每年6月30日，并于当年11月31日前公开出版，出版后会给每位作者寄送两本当期样书。

中国政法大学宪政研究所

《反歧视评论》编辑部

图书在版编目(CIP)数据

反歧视评论.第4辑 / 刘小楠,王理万主编. --北京:法律出版社,2017
ISBN 978-7-5197-1635-6

Ⅰ.①反… Ⅱ.①刘… ②王… Ⅲ.①公民权-研究 Ⅳ.①D911.04

中国版本图书馆CIP数据核字(2017)第282459号

反歧视评论(第4辑)
FANQISHI PINGLUN(DI 4 JI)

刘小楠 王理万 主编

策划编辑 易明群
责任编辑 万 颖 易明群
装帧设计 李 瞻

出版 法律出版社
总发行 中国法律图书有限公司
经销 新华书店
印刷 北京京华虎彩印刷有限公司
责任校对 王晓萍
责任印制 沙 磊

编辑统筹《中国法律评论》编辑部
开本 720毫米×960毫米 1/16
印张 11.5
字数 180千
版本 2017年11月第1版
印次 2017年11月第1次印刷

法律出版社/北京市丰台区莲花池西里7号(100073)
网址/www.lawpress.com.cn
投稿邮箱/info@lawpress.com.cn
举报维权邮箱/jbwq@lawpress.com.cn
销售热线/010-63939792
咨询电话/010-63939796

中国法律图书有限公司/北京市丰台区莲花池西里7号(100073)
全国各地中法图分、子公司销售电话:
统一销售客服/400-660-6393
第一法律书店/010-63939781/9782 西安分公司/029-85330678 重庆分公司/023-67453036
上海分公司/021-62071639/1636 深圳分公司/0755-83072995

书号:ISBN 978-7-5197-1635-6 **定价**:52.00元